Cysgod y Cryman

Addasiad Llwyfan
o nofel
Islwyn Ffowc Elis

gan
SIÔN EIRIAN

Gomer

Cyhoeddwyd yn 2006 gan
Wasg Gomer, Llandysul, Ceredigion SA44 4JL

ISBN 9781843238225

Hawlfraint ⓑ Siôn Eirian, 2006

Mae Siôn Eirian wedi datgan ei hawl dan Ddeddf Hawlfreintiau,
Dyluniadau a Phatentau 1988 i gael ei gydnabod fel awdur y
llyfr hwn.

Cedwir pob hawl. Ni chaniateir atgynhyrchu unrhyw ran o'r
cyhoeddiad hwn, na'i gadw mewn cyfundrefn adferadwy, na'i
drosglwyddo mewn unrhyw ddull na thrwy unrhyw gyfrwng,
electronig, electrostatig, tâp magnetig, mecanyddol, ffotogopïo,
recordio, nac fel arall, heb ganiatâd ymlaen llaw gan y cyhoeddwyr.

Dymuna'r cyhoeddwyr gydnabod cymorth
Cyngor Llyfrau Cymru.

Argraffwyd a rhwymwyd yng Nghymru gan
Wasg Gomer, Llandysul, Ceredigion

Rhagair

Mae addasu unrhyw nofel yn waith llwyfan yn dipyn o her. Mae addasu un o nofelau mwya poblogaidd yr iaith Gymraeg hyd yn oed yn fwy o her. Byth ers i Islwyn Ffowc Elis gyhoeddi ei glasur, *Cysgod y Cryman*, 'nôl yn 1953 mae hi wedi tyfu yn ffefryn sawl cenhedlaeth o ddarllenwyr. Mae'r nofel hefyd wedi bod yn llyfr gosod am flynyddoedd lawer, ac eisoes fe welwyd sawl fersiwn ac addasiad ohoni ar y teledu. Ac felly mae gan bawb ohonom sy'n gyfarwydd â'r nofel eu syniad a'u darlun eu hunain o'r cymeriadau a'r golygfeydd sy'n byw rhwng cloriau'r nofel.

Wrth eu haddasu yn gymeriadau a golygfeydd i'r llwyfan rhaid i'r awdur ystyried cyfyngiadau ei gyfrwng, wrth gwrs, ac mae Siôn Eirian wedi llwyddo i wneud hynny yn sensitif iawn yn y fersiwn hon o'r gwaith, gan gadw'n driw at lif y stori wreiddiol, golygu lle roedd angen ac ychwanegu ambell gymeriad pan oedd hynny'n gymorth i symud y stori yn ei blaen a chynnau gwreichion deialog.

Cafodd Siôn gyfle i weithio'n agos iawn hefo Islwyn Ffowc ar addasiad Saesneg o'r nofel ar gyfer y radio rhyw bum mlynedd yn ôl, ac felly fe darawodd ar gyfle euraid i drin a thrafod cefndir y nofel a'r cymeriadau yn fanwl hefo'r awdur ei hun, a hefyd y posibilrwydd o'i haddasu ar gyfer y llwyfan. A heddiw, dyma'r egin sgwrs honno'n dwyn ffrwyth. Dwi'n siŵr y bydd croeso brwd i'r addasiad ac y bydd ysgolion yn sicr yn ei weld yn gymorth mawr i sbarduno gwaith ymarferol wrth drafod ac astudio gwaith Islwyn Ffowc Elis.

Cefin Roberts

Perfformiwyd gyntaf gan Gwmni Theatr Genedlaethol Cymru
ym mis Chwefror a Mawrth 2007

Y Cast (yn nhrefn eu hymddangosiad ar y llwyfan) –
Harri Vaughan: CARWYN JONES
Edward Vaughan: DYFAN ROBERTS
Karl Weissman: OWEN ARWYN
Greta Vaughan: FFLUR MEDI OWEN
Margaret Vaughan: BETSAN LLWYD
Wil James: LLION WILLIAMS
Terence: MARTIN JOHN
Robert Pugh: OWEN GARMON
Lisabeth Pugh: BETHAN WYN HUGHES
Dr Paul Rushmere: IWAN TUDOR
Eleanor Pugh: CHRISTINE PRITCHARD
Avril: IOLA HUGHES
Eirlys: BETHAN WYN HUGHES
Gwdig John: SIMON WATTS
Gwylan Thomas: LISA JÊN BROWN
Jimmy: OWEN ARWYN
Bill Kent: LLION WILLIAMS
Robin Bol Uwd: SIMON WATTS
Sissi Perkins: CHRISTINE PRITCHARD
Marged Morris: IOLA HUGHES
Gweinyddes: BETSAN LLWYD
Aerwennydd Francis: SIMON WATTS
Maeres: BETHAN WYN HUGHES

Cynhyrchu –
Cyfarwyddwr: CEFIN ROBERTS
Cynllunydd Set
a Gwisgoedd: MARTIN MORLEY
Cynllunydd Goleuo: TONY BAILEY HUGHES
Cyfansoddwr: GARETH GLYN
Cyfarwyddwr Ymladd: KEVIN McCURDY

Rheolwr Llwyfan:	SASHA DOBBS
Dirprwy Reolwr Llwyfan:	HUW OWAIN DARCH
Rheolwyr Llwyfan Cynorthwyol:	EMA WYNNE WILLIAMS a MARTIN JOHN
Goleuo ar Daith:	JOHN TEE
Sain:	GRUFFYDD JONES
Gwisgoedd:	EDWINA WILLIAMS JONES

Staff Parhaol Theatr Genedlaethol Cymru –

Cyfarwyddwr Artistig:	CEFIN ROBERTS
Rheolwr Cyffredinol:	SIÔN HUGHES
Dirprwy-gyfarwyddwr Artistig:	JUDITH ROBERTS
Rheolwr Marchnata:	ELWYN WILLIAMS
Rheolwr Technegol a Chynhyrchu:	WYN JONES
Dirprwy Reolwr Technegol a Chynhyrchu:	SIÔN WILLIAMS
Rheolwr Swyddfa:	NESTA JONES

CYMERIADAU

EDWARD VAUGHAN meistr Lleifior
MARGARET VAUGHAN ei briod
HARRI VAUGHAN mab Edward a Margaret
GRETA VAUGHAN eu merch, a chwaer iau Harri
ROBERT PUGH ffermwr, meistr Trawscoed
ELEANOR PUGH ei briod
LISABETH PUGH merch Trawscoed, dyweddi Harri
KARL WEISSMAN Almaenwr, gwas ar fferm Lleifior
WIL JAMES gwas ar fferm Lleifior
DR PAUL RUSHMERE llawfeddyg ifanc o Lerpwl
GWYLAN THOMAS myfyrwraig ôl-radd ym Mangor
GWDIG JOHN myfyriwr ym Mangor, cyd-letywr Harri
MARGED MORRIS merch ifanc o'r rhes o dai cyngor yn y pentre

*Chwaraeir rhannau eraill gan aelodau o'r prif gast.
Y rhannau llai yw:*

EIRLYS ac AVRIL (dwy fyfyrwraig) TERENCE (gwas ffarm) JIMMY (Scowsar) BILL KENT (comiwnydd) SISSI PERKINS (tafarnwraig y Crown) ROBIN BOL UWD (meddwyn) SAIS (myfyriwr swnllyd) DYNES WEINI (yn Undeb y Myfyrwyr) AERWENNYDD FRANCIS (drepar ac ymgymerwr) MAERES (y swyddog etholiadau)

Digwydd y chwarae yn Nyffryn Aerwen ym Mhowys ac yng ngholeg y Brifysgol, Bangor. Y cyfnod yw 1949 a 1950.

ACT 1

GOLYGFA UN

[Canol haf cynnes, golau. Saif EDWARD VAUGHAN ger camfa, yn edrych allan dros ei gaeau. Ychydig o'r tu ôl iddo mae KARL. Mewn rhan arall o'r llwyfan saif HARRI VAUGHAN.]

HARRI: Wn i'n union lle mae o rŵan. Yn edrych allan dros 'i stad. Dros 'i deyrnas.

EDWARD: Ma' oedi am ddiwrnod ne' ddau ychwanegol yn medru rhoid gwell cynhaea'. Aros nes bod y gwair fel sidan, ond y bonion yn gry'.

KARL: Ma'r ffermydd eraill i gyd yn paratoi . . .

EDWARD: Yden. Y meibion yn hogi llafne'r peirianne, ond y tade yn oedi . . . Yn dal 'nôl rhyw fymryn yn rhagor, yn aros . . .

KARL: Aros amdanoch chi, Mistyr Vaughan.

HARRI: Weitiad am benderfyniad 'y nhad, a Lleifior . . . Mewn ardaloedd erill, ma' nhw ar ras, am y cynta i fedi ac ydlannu. Ond nid yn y part yma o Bowys. Nid yn Nyffryn Aerwen. 'Y nhad sy'n pennu pryd ma'r dyffryn yn cychwyn ar y cynaeafu.

EDWARD: Pan fydd y gweiryn yn aeddfed braf, a'r machlud ar 'i fwya llachar.

HARRI: Cofio sut ddaru Tom y Garnedd, rai blynyddoedd 'nôl, yn groes i wyllys 'i dad, fentro arni? Mynd â'i beiriant at y gwair yn rêl llanc. Drannoeth, fe ddoth cenlli o law, ac fe safodd y cynhaea ddeg diwrnod, a Tom yn llai o lanc ac yn teimlo'n ffŵl. Ma' ynte, fel y lleill rŵan, yn disgwl wrth 'y nhad.

EDWARD: Hyd 'noed ynghanol yr hafe gwlypa a mwya stormus ma' sguborie Lleifior wedi bod yn llawn. Heddiw, Karl, 'dan ni am gychwyn arni. Ma' popeth yn 'i le. Heddiw hefyd . . .

EDWARD a KARL: *[fel un]* . . . ma Henri'n dod adre.

[Mae HARRI'n cyrraedd at ganol y llwyfan, a thry EDWARD a mynd i'w gyfarch gydag ysgwyd dwylo gwresog. Yr olygfa'n symud i gegin Lleifior.]

EDWARD: Henri, ngwas i . . .

GRETA: Tydi o'n smart! A'r gaberdïn newydd 'ma . . . Harri . . .!

[Hithau'n ei gofleidio.]

MARGARET: Elle bo ti'n ddyn rŵan, ond ti'm yn rhy hen i orfod golchi'r dwylo 'ma cyn dŵad at y bwrdd.

HARRI: Siwrne trên, Mam . . .

MARGARET: Baw ydi baw, o lle bynnag ddath o.

GRETA: Edrych fath â ffilm-star . . .

EDWARD: Sgolor dwi'n 'i erfyn, nid ceiliog dandi.

HARRI: Ac wedyn wrth gwrs y cwestiynu anochel . . .

EDWARD: Sut ti'n meddwl gnest ti yn dy arholiade, dwed?

HARRI: Cha' i mo ngradd eleni.

GRETA: O, nonsens Harri . . .

EDWARD: Sut felly?

HARRI: O'n i'n canolbwyntio tymor diwetha 'ma ar fywyd cymdeithasol.

EDRWARD: Bywyd cymdeithasol?

HARRI: Nofio. Chwarae tenis. Dringo Eryri . . .

EDWARD: Ti'n meddwl ma' i hynny tales i bres mawr i dy gadw di ym Mangor?

HARRI: Ma' digon gynnoch chi – a digon o amser gen inne i orffen coleg.

EDWARD: Nid dyna'r pwynt.

HARRI: Be 'ta?

EDWARD: Y pwynt ydi y'n bod ni, dair blynedd 'nôl, wedi taro bargen. Doeddet ti ddim am aros adre i ffarmio. Ro'dd hynny'n eitha ergyd i mi, gan nad oedd gen i fab arall i ffarmio Lleifior ar fy ôl i. Ond mi fodlones i. Ar yr amod dy fod ti'n disgleirio mewn rhyw faes arall, yn gneud yn fawr o dy gyfle. Ond rŵan – os wyt ti'n dechra dianrhydeddu dy ben di o'r fargen . . .

MARGARET: Edward. 'Dach chi'n siarad fath â geiriadur. Ac yn siarad llawer o nonsens, synnwn i damed.

HARRI: Diolch, Mam.

EDWARD: Cwbwl dwi'n ddweud, Henri . . .

HARRI: Ydi be?

EDWARD: Dwi am dy weld di'n cynnal enw da y Vaughnied. Parchu dy linach.

HARRI: Ydach chi'n meddwl bod enw'n bwysig, Nhad?

EDWARD: Mae o wedi bod, hyd yma.

HARRI: Ma' pethe'n newid yn go gyflym cofiwch, yn y byd mawr prysur allan fan'cw . . .

EDWARD: Ma' lleoedd fel Lleifior yn anninistriol. Ma' nhw'n rhoi rhyw sicrwydd i'r bobl sy'n byw o'u cwmpas nhw. Beth bynnag ddeudith pobl mewn cyfarfodydd politics, ne' mewn colofne papure newydd, ma' parhad llefydd fel yma yn echel i gymdeithas gyfa', a ffordd o fyw.

MARGARET: *[Yn picio 'nôl atynt]* Harri. Dwylo. Ac Edward. Fydda i'ch angen chi i dorri'r cig 'ma i ni yn munud . . . Gewch chi ddigonedd o amser i glebran, tan yr orie mân o'ch nabod chi'ch dau . . .

[EDWARD a HARRI yn rhyw hanner gwenu ar ei gilydd . . .]

[Y golau'n cryfhau wrth i HARRI groesi i ganol haul cryf.]

HARRI: Yn groes i be o'dd Mam yn ddisgwl, 'naethon ni ddim aros ar 'yn traed tan yr orie mân. Blinder y tymor coleg yn dal i fyny efo fi. Blinder diwrnod o gynhaeafu yn dal fyny efo Nhad. A doedd y trafod a'r tynnu coes ddim mor rhwydd â'r arfer, am ryw reswm. Ac, wrth gwrs, yn y bore mi fasa rhaid codi'n blygeiniol a mynd at y medelu . . .

KARL: *Guten morgen* Herr Vaughan!

HARRI: *Guten morgen* Herr Weissman.

HARRI: Karl a minne'n cychwyn arni . . . ne'n trio gneud, beth bynnag.

KARL: Beth ma' hwn eisie rŵan eto . . .

HARRI: Wil James.

KARL: Fel carreg mewn esgid.

HARRI: A Terence, wrth 'i gynffon o. Eisie dwyn sigaréts ma'n siŵr . . .

KARL: Ne' wedi anghofio'u matshus . . .

[WIL JAMES a TERENCE wedi ymuno â nhw nawr.]

WIL: Adawes i matshus fyny'n y fferm.

TERENCE: Fyny'n buarth.

HARRI: Gen i dân. Ond rŵan bo chi yma, rheitiach i chi afel mewn picfforch na sigarét. 'Dan ni'n trio gorffen y llwyth yma cyn cinio.

WIL: Mond am smôc des i lawr 'ma, myn cythgam i.

HARRI: Gnewch rwbeth i'w haeddu hi gynta. Dewch 'laen. Ordor.

[Mae WIL JAMES yn gafael yn ei bicwarch yn anfoddog, a TERENCE hefyd.]

KARL: Dos di i ben y tractor, mi wnaf inne godi'r gwair efo Wil a Terence.

[Wrth siarad maent yn cychwyn ar eu gwaith.]

WIL: *Don't you give the young boss instructions now, Jerry.* A paid tithe â trio codi gormod o bwyse rŵan, Harri. 'Dach chi'n mynd yn feddal y cythgam tua'r coleg 'na. Tydan Terence?

TERENCE: Wel, ie, falle wir.

WIL : Fasa'n biti i ti dorri asgwrn dy gefn yn codi llwyth.

HARRI: Cwyd y cocyn 'na Wil, a cau dy geg, er mwyn tad.

WIL: *Hey – you watch that fork now, Jerry. Almost caught me in the face there, boy.*

KARL: Mae'n ddrwg gen i, Wil.

WIL: *I don't trust you with that in your hands. Too used to handling bayonets aren't you.*

HARRI: Wil, rho'r gore iddi.

WIL: *Might think you're back in North Africa, eh? With Rommel. Get a rush of blood, hearing a bit of English . . .*

HARRI: Taw! Cyn i mi golli'n limpyn.

WIL: A gneud be? Codi dy ddyrne? Toedd o ddim isio gwbod am ymladd pan o'dd y rhyfel mlaen, nac oedd, eh Terence?

TERENCE: Dwn i'm wir . . .

[Edrychiad milain oddi wrth HARRI at WIL]

WIL: Dew – mond tynnu coes, was. Dwi'n gwbod bod dim llawer o sens o hiwmor gen y Jerries 'ma, ond faswn i'n disgwl i *ti* fedru gwerthfawrogi joc.

HARRI: Gei di'n hambygio i faint fynni di, ond ma'n gas gen i dy glywed ti'n trin Karl mor sbeitlyd.

KARL: Ma' popeth yn iawn Harri. Rydw i wedi arfer digon.

WIL: *Funny allies you two. Welsh conshie, Jerry war hero. If that's what you were, Karl. Don't like talking much about it, now that you're over here, getting nice work and nice money from your old enemies . . .*

[Ar draws hyn clywir llais hyglyw o ychydig bellter . . .]

ROBERT: Henri Vaughan!

WIL: Dew – dy dad yng nghyfreth di, Harri. Dod i gadw llygad arnat ti. Gweld sut siâp sy arnat ti efo fforch a cocyn, ar ôl tair blynedd o fywyd coleg.

HARRI: Sut mae, Mr. Pugh.

[Daw ROBERT PUGH i'r llwyfan.]

ROBERT: Gychwynnon ninne arni draw yn Trawscoed bore 'ma 'fyd.

HARRI: Pam 'dach chi ddim efo'r meibion yn y ceue 'te?

ROBERT: Mi fydda i. Yn ddigon buan. Ond clywed dy fod ti adre o Fangor.

HARRI: Ia? *[Ennyd]* Wel?

[Wrth siarad, mae ROBERT yn tywys HARRI fymryn oddi wrth y gweddill, a chlustiau main WIL . . .]

ROBERT: Toedd Lisabeth 'cw ddim yn gwybod bo ti'n cyrraedd neithiwr.

HARRI: O'dd hi'n gwybod mod i'n dŵad adre ddiwedd yr wythnos 'ma . . . O'n i'n mynd i alw heibio nes mlaen heddiw.

ROBERT: Eitha peth. Fel dylset ti fod wedi gneud neithiwr. Wrth basio.

HARRI: Hwyr oedd hi braidd. Ro'n i am alw ar awr gall, a chael sbel go dda yn 'i chwmni hi heddiw . . .

ROBERT: Hm. Ta waeth am hynny rŵan. Nid er mwyn dannod dois i heibio. Ddwedodd dy dad hefyd fod Doctor Rushmere yn bwriadu dŵad lawr o Lerpwl wythnos nesa. A meddwl, gan y base fo a Greta yma, a chdithe adre . . . ac isio bod yng nghwmni Lisabeth gymaint ag y medri di . . .

HARRI: Wel, wrth gwrs . . .

ROBERT: Y base'n syniad tan gamp i chi'ch tri ddŵad draw – ti, dy chwaer a'r Doctor yntê – draw i Trawscoed.

HARRI: O?

ROBERT: Am swper.

HARRI: O . . .

ROBERT: Yn ddau gwpwl ifanc, fel petae, ata i ac Eleanor yntê.

HARRI: O . . .

ROBERT: Achos dydi Doctor Rushmere ddim hyd 'noed wedi cwarfod ag Eleanor eto, nac ydi?

HARRI   Nadi.

ROBERT: Ac wyt tithe ddim yn manteisio ar 'yn cwmni ni – Eleanor a fi yntê – hanner ddigon aml.

HARRI: Nadw . . .

ROBERT: A ma' croeso aelwyd y Trawscoed yn ddihareb trw Bowys gyfa'.

HARRI: Ydi . . .

ROBERT: Wel 'na fo 'te. Nos Sadwrn 'ma rŵan. Swper amdani, ne' fel base Eleanor yn 'i ddeud – *'dinner'* yntê! *[Ennyd]* Sbia – *[yn gweld GRETA yn dynesu]* Cofia di ddeud wrthi am y gwahoddiad. A gneud yn siŵr 'i bod hithe'n dŵad.

[Gyda hergwd o slap harti ar draws cefn HARRI, mae ROBERT PUGH yn troi a'i adael . . .]

[Mae GRETA'n dod atynt, a stenaid o de a phecyn o frechdanau.]

GRETA: *[Wrth WIL a TERENCE]* Dwi wedi gadel 'ych pecyn chi fyny efo'ch cotie chi. Wrth yr adwy.

WIL: Be, *top table* sy fan'ma, ie? Bwrdd y teulu.

KARL: Prin fy mod i yn deulu, fwy nag wyt ti.

WIL: Ti cystal â bod. Ne'n byhafio fel taset ti, tydi Terence . . .

TERENCE: Hy! Ia . . . dwn i'm.

HARRI: Gewch chi fynd â matshus gyda chi. I chi ga'l mwynhau'r smôc 'na efo'ch te.

[Gyda gwg anfoddog aiff WIL a TERENCE gan adael KARL a HARRI a GRETA . . .]

GRETA: Ma' angen amynedd efo'r Wil 'na, yntoes?

HARRI: Mae o wedi bod yn plagio Karl yn ddidrugaredd. Am fod yn Almaenwr. Am y rhyfel . . .

GRETA: Eto fyth. Sut yn y byd wyt ti'n dygymod efo fo?

KARL: Falle bod fy nghrefydd yn help. I geisio peidio â digio. Hynny a throi clust fyddar . . .

GRETA: Ti'n gweld Harri, ma' crefydd yn medru dy neud di'n well dyn. Ar waetha dy wfftio di ohonan ni a'n capel.

HARRI: Mi weli di lot mwy o deip Wil James yn y capel nag o deip Karl.

KARL: Falle bod yn rhaid i chi gyfuno 'ych crefydd efo ysgol brofiad. I ddeall gwerth rhai pethe. Fel madde i elynion. A gwerth diodde.

GRETA: Ti'n medru gneud hynna 'ta?

KARL: Madde i ngelynion? Y bobol ollyngodd y bomie ar 'y nghartre i yn Dortmund? Lladd Nhad a Mam, fy mrawd bach, Jurgen . . .

GRETA: Fedrwn i fyth, byth ddychmygu byw trw hynny . . .

KARL: Rwy'n gallu madde. I unigolion. Pa ddewis sy? Ac i'r wlad o'n nhw'n gynrychioli. Achos yma ydw i rŵan Greta. Wedi dewis aros. Am 'y mod i'n hapus. Mae pethe llawer rhy gymhleth i drio gweld y byd yn ddu a gwyn.

GRETA: Ti'n hapus fan'ma am fod gen ti ail deulu, o fath. Gobeithio hynny. *[Ennyd]* Faswn i rioed, rioed am dy golli di o fan'ma. Ti'n gwbod hynny. Karl?

HARRI: Hei, Gret. Ma gynnon ni wahoddiad. Ti a fi.

GRETA: Rwbeth i neud efo Robert Pugh Trawscoed . . .?

HARRI: Ia. Swper.

KARL: Nace Harri. Ti wedi anghofio'n barod. Nid swper o gwbwl. Ond *dinner*.

GRETA: O. *[gan dynnu ystum]* Noson felly, ie?

HARRI. Lisabeth a fi, Paul a tithe. Noson y cyple ifanc, ma'n amlwg.

GRETA: Cyple? Ti a Lisabeth, ie, ond, fi a . . .

[Dyw hi ddim yn gorffen ei brawddeg. Ennyd ac edrychiad rhyngddi hi a KARL.]

HARRI: Dyma dy de di Karl . . . Karl?

[Dyw Karl heb glywed y tro cynta gan ei fod ef yn dal i led edrych ar GRETA, a hithe'n edrych i ffwrdd, yn ansicr.]

[Golau'n gostwng. Cerddoriaeth gramoffôn henffasiwn yn codi yn y cefndir, wrth i ni symud at y Trawscoed, a hithau'n dechrau nosi.]

LISABETH: Dy fam di ddeudodd wrth 'y mam i. Yn y siop wallt pnawn 'ma. Ma' nhw *mor* browd ohonot ti, yntydan . . .

HARRI: Rhyddhad ma' nhw'n deimlo . . .

LISABETH: Nonsens. O'dd dy fam yn llawn o'r peth. A ma'n rhieni inne mor browd hefyd. *Honours – First Class*. Sna'm fawr neb arall o Ddyffryn Aerwen efo ffasiwn beth ma'n siŵr gen i. Gen ti gynffon hyfryd wrth dy enw rŵan. Henry Vaughan B.A.

HARRI: Fasa 'na ddigonedd o rai erill, taen nhw'n cael hanner y cyfleon dwi 'di cael.

LISABETH: Paid â gneud yn fach o dy allu rŵan. Ti'n sbesial. Yn sbesial, sbesial, sbesial . . . *[Rhoi cusan iddo – ac yntau'n ymateb].* Lle ma' nhw dwed? Ma' Mam ar bige . . . *[Eu gweld]* Brysiwch, chi'ch dau . . .

[O gyfeiriad arall, PAUL RUSHMERE a GRETA yn cerdded . . .]

GRETA: *Ssh . . . they'll be fine. Don't worry.*

PAUL: *I'm still unhinged after visiting that old aunt of yours in Welshpool last year . . . Her sitting baking in front of a furnace of a fire, smelling of camphor, as if she'd been mothballed . . .*

GRETA: *Don't be so disrespectful . . .*

PAUL: *Sucking her way through a whole bag of mint imperials, her fat old legs swinging open and shut like scissor blades to take in the waves of heat . . .*

GRETA: *Paul, that's not nice. Now come on in, and behave.*

[Mae PAUL yn dilyn GRETA i mewn i'r tŷ.]

[Golau i fyny'n llawn ar ran o stafell yn Trawscoed. Mae LISABETH PUGH yn gweini coffi, a ROBERT PUGH yn ffysian gyda'r hen gramoffôn, wrthi'n newid record.]

ROBERT: David Lloyd. *One of our best tenors you see.*

ELEANOR: *Our most . . . outstanding. Indeed. We love him don't we Robert?*

ROBERT: *From Trelogan he is. Across the water from you in Liverpool. [Ennyd.] Good practice there, have you?*

GRETA: *I'll spare his blushes. One of the most highly respected in Liverpool.*

ROBERT: *And you so young. So nice to have a brilliant young generation around us. Isn't it Eleanor?*

ELEANOR: *Indeed. Like Henry here. You'll be an M.A. next year. And these girls aren't tup neither.*

PAUL: *Tup?*

LISABETH: Mami . . . *Very intelligent she means. I'll get more coffee . . .*

[Aiff LISABETH allan gan gario'r hambwrdd coffi.]

ELEANOR: *The intelligence is in the stock, Doctor Rushmere. Robert's father was the biggest farmer round here. Until about thirty years ago.*

HARRI: *The Great War brought financial pressure on a lot of farms. Forced them into debt. Trawscoed had to sell some prime land to us. Tyddyn Argain.*

PAUL: *That lovely little farm with the river and the meadows at the foot of . . . I can't pronounce it yet I'm afraid . . .*

GRETA: Moel yr Afr. *Yes. Lleifior bought it thirty years ago.*

ROBERT: *At a knockdown price too. We see it as a kind of . . . loaning out. It used to be an . . .* damia, be di asgwrn y gynnen, deudwch . . .

ELEANOR: *A bone . . . that you . . . what's* cynnen . . . *?*

GRETA: *Bone of contention.*

ROBERT: *But with a wedding coming up now between the two old families, we might put all that to its one side, and Tyddyn Argain could be back with us. It might be this brandy speaking now, but I think Edward Vaughan and me will see eye to eye on this. The* tyddyn *could be Lisabeth's wedding gift, for marrying into the Vaughan family. So the old land might be restored to Trawscoed again. All very tidy you see.*

PAUL: *And your family, Mrs Pugh. Were they farmers too?*

ELEANOR: *No. A preacher, my father. Very famous round these parts. But he was struck down in his prime. He had a trombonsis.*

ROBERT: *In fact, his health was never right you see, not after he was attacked by one of his . . .* praidd *. . .*

GRETA: *His flock . . .*

PAUL: *The . . . farmer, or the minister . . . ?*

ELEANOR: *My father, the minister. He was visiting to a young member of Siloam, who was suffering from scidnoffrensi you know. And the awful man attacked him. With a table lamp.*

ROBERT: *These modern mental diseases. All got fancy names now. My theory is that most them are in the mind anyway. People don't have enough hard work and good fresh air these days. What's your opinion of these fancy new conditions Doctor Rushmere?*

PAUL: *[yn nodio] Well, some doctors tend to treat psychological complaints with a dose of* laissez-faire.

ELEANOR: *O, now then. My grandfather had a terrible bout of that.*

GRETA: *I think Paul's talking about an attitude, not an ailment, Mrs Pugh.*

ELEANOR: *All I know is what he had, and had to be brought home from Africa. With lesse-ffer. Indeed. He was out there with the church . . . he was a . . . [yn dyfeisio Seisnigeiddiad o'r gair] . . . a* cennador. *You know?*

GRETA: *. . . missionary.*

PAUL: *Ah.*

ELEANOR: *Almost dead with lesse-ffer he was. A martyr.*

ROBERT: *Lassa fever* oedd hynny, ddynes! Nefodd annwyl – tydach chi'n conffiwisio'r dyn ma'n lân rŵan . . .

ELEANOR: *He forgets which language he's in sometimes Doctor. You must forgive him. He shows us up something frightening sometimes, don't you think Doctor?* Nefi blŵ Robert!

[Golau i lawr]

[Cerdda Robert Pugh i olau naturiol, golau liw dydd tu allan. Ry'n ni mewn stryd yn Llanaerwen, a Robert wedi cornelu EDWARD VAUGHAN . . .]

ROBERT: Noson tan gamp. A'r cyw doctor 'na o Lerpwl yn medru gweld bod gynnon ninne sgolors a phobol ddiwylliedig fan'ma yn Nyffryn Aerwen –

EDWARD: Prin bod o'n gyw doctor. Aelod o'r Royal Society, cyhoeddi yn y *Lancet* . . .

ROBERT: . . . Ac o'dd hi mor braf gweld y ddau gwpwl ifanc yn mwynhau'r croeso. Ma' Lisabeth ni a Henri chi fel dwy gneuen yn yr un cwpan bellach.

EDWARD: 'Dach chi'n deud . . . ?

ROBERT: Ar ôl y tymor coleg nesa ma rŵan – calendyrs allan. Sna'm rheswm oedi. Be ddeudwch chi, Edward?

EDWARD: Nhw sy i benderfynu.

ROBERT: Ond ma'r ardal gyfa yn disgwyl am y briodas yma. Fuon ni'n sôn am Dyddyn Argain hefyd.

EDWARD: O?

ROBERT: Wel, ma' 'na gyment o bethe i'w trafod, yntoes, fel rhan o'r 'transacsion' fel petac.

EDWARD: Nid ar gornel stryd fan'ma ma' trafod rhyw bethe felly.

ROBERT: Siŵr iawn Edward. Be am bicio fewn i'r Crown? Am lasied o laeth y fuwch goch. Ma' hi wedi troi hanner dydd.

EDWARD: Tydw i ddim yn llymeitiwr. Rioed wedi bod, a fydda i byth. Fe wyddoch chi hynny'n iawn.

ROBERT: Coffi 'ta?

EDWARD: Rwbryd eto, Robert Pugh. Ma' gen i lawer i neud, a Harri'n cychwyn 'nôl am y coleg 'na bore fory.

ROBERT: Mond hanner awr. Dwi'n teimlo bod angen i ni styried ambell beth.

EDWARD: Ddim rŵan.

ROBERT: Gore po gynta drafodwn ni ambell fater, Edward. Isio'r gore i Trawscoed a Lleifior ydw i.

[Dechreua Edward symud oddi wrtho, ei amynedd wedi pallu . . .]

ROBERT: Wyddoch chi be ma' nhw'n ddeud amdana i, Edward Vaughan? Tydw i ddim yn angel fel ffrind, ond fel gelyn mi dwi'n ddiafol. Dwn i ddim faint o wir sy yn hynny, ond dyna ma nhw'n ddeud . . .

[Oeda Edward am eiliad, cyn cerdded yn ei flaen.]

[Golau i lawr.]

GOLYGFA DAU

[Golau i fyny ar stafell yn adeilad yr Undeb yng ngholeg y brifysgol, Bangor.]

[Cownter te, jiwcbocs, rhai seddau a byrddau efallai . . . Mae dwy fyfyrwraig blwyddyn gyntaf, AVRIL ac EIRLYS yn rhoi eu cotiau a'u bagiau ar gefnau dwy sedd, o blith pedair neu bump sedd wag.]

[Eisoes yn chwarae ar y jiwcbocs wrth i'r golau godi mae 'Riders in the Sky'. Ger y cownter te saif HARRI a GWDIG yn prynu paneidiau.]

AVRIL: Hogyn handi, tydi . . .

EIRLYS: Be? O, na – ar y llall dwi'n sbio. Dwi di cwarfod o o'r blaen . . .

[Mae llygaid AVRIL ar HARRI ond mae llygaid EIRLYS ar GWDIG.]

AVRIL: O . . . hwnna.

EIRLYS: Ysgol Haf y Blaid . . . Oedd o'n siarad non-stop . . . Paid â sbio arno fo . . . 'cofn iddo fo ddŵad draw a'n byddaru ni . . .

GWDIG: Bachan bach, ddylet ti fod wedi bod 'na 'leni. Sôn am dân gwyllt w.

HARRI: Tydw i'm yn aelod.

GWDIG: Ti'm yn aelod o ddim byd. Ond fyddet ti wedi dwlu ar y dadle. Wedd hi'n wenfflam. Criw o'r rhai mwy tanbaid wedi troi yn erbyn Gwynfor, tweld. Yn erbyn 'i heddychieth e, 'i ddiffyg sylw fe i'r cymo'dd diwydiannol . . . A ma' nhw nawr yn mynd i greu 'u mudiad 'u hunen. Y Gwerinaethwyr. Tu fâs y Blaid.

HARRI: Tithe efo nhw?

GWDIG: Ddim mor belled. Bois da, cofia – Gwilym Prys Davies, Trefor Morgan, Cliff Bere . . . ond crwtyn Shir Benfro odw i'n y bôn, a sai'n siŵr am y busnes 'ma o droi odd'wrth yr hen Gymry wledig. Fan'ny ma calon y genedl yn pwmpo gryfa wedi'r cwbwl.

HARRI: Ma' dwy hogen draw fanna yn 'yn llygadu ni. Paid sbio 'nôl, y lembo . . .

AVRIL: Ma' nhw'n sbio draw rŵan. Wedi sylwi. Mae o'n dy gofio di, ma'n amlwg.

EIRLYS: Dwn i'm pam. O'n i'n trio 'ngore i'w osgoi o. Hel cwmni Mam a Dad oedd o. Nhwtha'n reit *impressed* fod o'n nabod cymint o bobol. O'dd o ar derme enwa cynta efo Gwynfor a honni nabod D.J. Williams a Gwenallt . . . O'dd Dad a Mam yn meddwl fod o'n *super*.

GWDIG: Diawch, wy'n nabod honna hefyd. Wedd hi ar 'y ngiôl i trw'r amser yn yr Ysgol Haf . . .

EIRLYS: Be o'dd 'i enw fo dŵad? Rhyw enw twp . . .

AVRIL: *[Gweld Gwdig yn dynesu]* Sssh . . .

GWDIG: Gwdig John. Shwmai, ledis? Ni wedi cwrdd o'r bla'n on'd y'n ni? Yn yr Ysgol Haf.

EIRLYS: Aha.

GWDIG: A 'ma'n ffrind i, Harri Vaughan. Ma'r ddou o ni ar y'n blwyddyn *post-grad* 'leni. Gewn ni ishte am eiliad?

AVRIL: Wrth gwrs. Rhain yn rhydd . . .

[Mae hi'n amneidio ar HARRI i eistedd . . .]

HARRI: Diolch . . .

AVRIL: Avril . . . a hon 'di Eirlys . . .

[Ar y jiwcbocs cân Nina Simone 'Want to Buy Some Illusions' yn dechrau chwarae . . . Ond yn sydyn yn hytrach nag eistedd mae HARRI yn syllu ar ferch ar ochr draw y llwyfan . . .]

HARRI: Gwdig – sbia pwy sy draw fan'na.

GWDIG: Y glegen 'na welon ni yn y Steddfod.

HARRI: Ia.

EIRLYS: O, a pwy 'di hi?

GWDIG: Wedd hi'n gwerthu *Y Cryman* ar y Maes. Cylchgrawn y Comiwnyddion.

AVRIL: O. Am ddiddorol.

GWDIG: Fuon ni'n siarad itha dipyn gyda hi – wel, dadle. Sosialeth yn erbyn cenedlaetholdeb yntefe.

AVRIL: Mwy diddorol fyth.

EIRLYS: *Fascinating.*

HARRI: Esgusoda fi Gwdig. Dwi am fynd i gael gair.

GWDIG; Cer di, gwboi. Wy'n itha jocos fan hyn. 'Da'r ddwy groten fach hyfryd hyn. On'd odw i, ferched?

[Rhyw wenu heb frwdfrydedd wna EIRLYS ac AVRIL, wrth i GWDIG ymestyn ei goesau a setlo yn ei gadair.]

GWDIG: Ti wedi clŵed rwbeth pellach am fwriade'r Gweriniaethwyr yn y lecsiwn nesa 'te Eirlys? Ma Ithel Davies yn bwriadu sefyll ym Mro Ogwr, wy'n gwbod 'ny ... a ma' cynllunie am gylchgrawn newydd tweld. *The Welsh Republican.* Harri Webb a Cliff Bere a rhai o'r lleill yn y De-ddwyrain sy tu ôl i hwnnw. Amsere cyffrous ...

EIRLYS: Ia. Waw ...

[Y golau i fyny fwy ar HARRI sy'n nesu tuag at GWYLAN. Mae hi'n sefyll ar ei phen ei hun, yn fflicio trwy dudalennau cylchgrawn ...]

GWYLAN: Wel wel. Y bonheddwr bach o ... rwla'n ymyl y Bala.

HARRI: Ddim cweit. 'Dan ni'n agosach at Amwythig na'r Bala yn Nyffryn Aerwen.

GWYLAN: Madda i mi. Ma'm map i o Gymru dipyn yn annelwig yn y canolbarth cefnog.

HARRI: Ti'n gwybod 'y nghyfeiriad i'n iawn. Wn i hynny.

GWYLAN: Gyrhaeddodd o'n saff 'ta?

HARRI: Wythnos ddwetha ... Ond doedd na'm amser i sgrifennu 'nôl ...

GWYLAN: Meddat ti.

HARRI: A fynnwn i ddim taro rhyw ateb chwit-chwat.

[GWYLAN yn taro golwg amheus.]

HARRI: Wir rŵan. O'dd y llythyr, a dy bamffledi di, yn haeddu gwell. Ma' nhw wedi gneud i mi feddwl am bethe.

GWYLAN: Un arall i ti.

[Mae HARRI'n cymryd pamffled fach blaen yr olwg.]

GWYLAN: *The Fight for Socialism in Wales.*

HARRI: Faint ydi . . .

GWYLAN: Am ddim.

HARRI: Dwi'n freintiedig rŵan. O't ti'n mynnu tâl am y rhai ges i yn y Steddfod.

GWYLAN: Ma' gen i un peth leiciwn i werthu i ti.

HARRI: O?

GWYLAN: Copi o faniffesto'r Blaid Gomiwnyddol. Wedi 'i gyfieithu i'r Gymraeg gan W.J. Rees llynedd. Ti'n gweld, 'dan ni yn gneud ymdrech . . .

HARRI: Dwi'n deud dim llai.

GWDIG: Harri ow . . .

GWYLAN: Y *valet* personol yn dal efo ti?

HARRI: Ti'n hoff o watwar, on'd wyt? Fase Gwdig ddim yn bles o gael 'i ddisgrifio felly – fwy nag ydw inne i gael 'y ngalw'n fonheddwr gen ti . . .

GWDIG: Wy wedi gweud wrth Eirlys a Avril bo ni'n mentro am lased bach i'r Garth. Ma' nhw moyn dod 'da ni . . .

[Tu ôl i gefn GWDIG mae'r ddwy ferch yn sibrwd yn frysiog, yn codi ac yn dechrau sleifio o 'na.]

HARRI: Ydan nhw?

GWDIG: Ar dân moyn ni ddangos y dre 'ma iddyn nhw . . .

HARRI: Dydw i ddim yn siŵr be dwi am neud am weddill heno . . .

GWDIG: Dwy roces deidi, sy'n whilo dipyn o sbort . . . *[yn troi a syllu]* . . . wel, myn cythrel i . . .

[Mae AVRIL ac EIRLYS wedi dianc.]

GWYLAN: Ma' gynnon ni siaradwr gwadd heno. Cyfarfod y Soc-Soc.

GWDIG: Y Soc-Soc . . . ar 'yn noson gynta ni 'nôl yn y coleg . . . ?

GWYLAN: Siaradwr go arbennig. Bill Kent.

[Yn cyd-chwarae â'r sgwrs rhwng GWYLAN, HARRI a GWDIG gwelwn ddechrau cyfarfod y Soc-Soc, ar lwyfan cornel bar mewn tafarn . . .]

JIMMY: I'm a bit nervous of you lot. I only drove Bill over, and now I've been asked to introduce him. Most of you are students. Intellectuals. So I'm told. I wouldn't know an intellectual if one bit me on the backside, but I've always been nervous of the word. But Bill here makes me feel safe. 'Cos he's from my world, and from yours. A working class boy like me, but one who shinned up that ladder all *the way to the posh towers of Oxford. I'm sure I should've said something else there – like ivory turrets or som'at. Anyroads. He's now a journalist on the Daily Worker. And dead famous. So Comrades – give him a big Welsh welcome . . . Bill Kent . . .*

HARRI: Na, dwi ddim yn meddwl . . .

GWYLAN: Well na paned arall o goffi diflas, yn g'rando ar *'Riders in the Sky'* am y degfed tro . . .

HARRI: Wel . . .

GWYLAN: Ti ddeudodd fod dim cynllunia gen ti. A bo' ti'n dechra meddwl am yr hyn ddarllenest ti yn *Y Cryman*.

HARRI: Ie, ond . . .

GWYLAN: A mod i'n haeddu ateb call, cyfrifol . . . Fydd anerchiad Bill yn help i ti benderfynu lle ti'n sefyll.

HARRI: A mae'n dibynnu ar be . . . *[gan amneidio at GWDIG]*

GWYLAN: *[Wrth GWDIG]* A fydd y dafarn yn llawn o lasfyfyrwyr. Neu glasfyfyrwragedd . . . Gan bod y lle ar stepan drws neuadd y merched, yntê? Ma' nhw'n tyrru yna.

GWDIG: O? Wel 'te . . .

[GWYLAN yn troi am y cyfarfod. GWDIG yn dilyn yn frwdfrydig, ac ar ôl hanner ennyd, HARRI yntau'n ymuno. Y tri'n croesi at awyrgylch swnllyd tafarn prysur.]

[Golau'n llwyr ar y llwyfan cornel bar. Baner a chwpwl o bosteri comiwnyddol. Mae'r cadeirydd, JIMMY, bellach yn eistedd. Mae BILL KENT ar ei draed yn traddodi araith gydag arddeliad ac argyhoeddiad . . .]

BILL KENT: *Half of Europe, it seems to me, has exchanged one tyranny for another. It's overthrown fascism of course. The far right has lost the argument, conclusively. But there's a new oppression cutting up the cake on this side of the continent. Led by Britain and America. The tyranny of capitalist exploitation. These were the main appeasers who were happy enough to see Franco demolish democracy in Spain, and who are now turning the ruins of Germany and the war-torn economies of the West into a grand new market place for themselves, like a gaggle of tailors squaring and cutting a piece of rare cloth for their own designs. But they'll face a new fight. Because in the East the workers have taken control, empowered by Russia. And as soon as one great war ended the new battlelines for this next conflict were being drawn up. Countries like Hungary, Poland, Lithuania, Estonia, Latvia, Romania, Bulgaria and recently Czechoslovakia entered Russia's fold. And the Communist Party made huge inroads elsewhere. In elections in 1946 the Communists won twenty nine per cent of the vote in France. Even here in Wales, in the 'Forty Five election, Harry Pollit came within nine hundred and seventy two votes of winning Rhondda East. The best ever result for the Communist Party in Wales. Yes, the battle lines are firmly drawn, comrades. And the socialists seem at the moment to be in the ascendant . . .*

[Eiliad wedyn, yn ddifrifol a rhybuddiol . . .]

But our enemy is a great and voracious predator. America has now engineered the setting up of the new Nato Alliance, and how fortunate that a possible war is brewing in Korea to cement the resolve of this new imperialistic amalgam. And its claws are also digging into the fragile flesh of the Near East, bullying developments in Palestine and Egypt. Because the other side of capitalism's coin, of course, is imperialism. And if we in Western Europe are intended to be the engine room for these international adventures, the poor countries of the far continents are to provide fuel and slave labour. The designs of the money makers are huge, and encompass the globe. We did not endure one horrendous war in order to become slaves to this new master – international capitalism. Our countries have to help drag down this new monster from within. We owe no less to our communities, to our long-suffering continent and to workers the world over!

[Bonllefau o gymeradwyaeth, gan gynnwys GWYLAN sy'n clapio'n frwd. Yn fwy petrusgar mae HARRI a GWDIG yn clapio rhyw ychydig . . .]

JIMMY: Well I don't know about you lot, comrades, but I could certainly do with a bevvy after listening to those rousing words. Let's fill these glasses, and drink to the revolution!

[Mae HARRI a GWYLAN yn crwydro oddi wrth weddill y criw.]

GWYLAN: Deud y gwir – gest ti dy ysbrydoli, on'd do?

HARRI: Dwn i ddim am hynny.

GWYLAN: Ti ddim yn un da am ddeud celwydd.

HARRI: Oedd o'n . . . eitha pwerus.

GWYLAN : O'n i'n gweld ti'n canolbwyntio ar bob gair.

HARRI: Pendroni oeddwn i.

GWYLAN: O ie?

HARRI: Pendroni am pam oeddwn i yna. A pam ydw i fan'ma efo ti.

GWYLAN: Pam na ddylet ti fod?

HARRI: Tase unrhyw fyfyriwr arall, rhyw hogyn, wedi pwyso arna i . . .

GWYLAN: Be ti'n awgrymu?

HARRI: Yn hytrach na geneth lygat-ddu reit ddel . . .

GWYLAN: Paid â throi popeth yn gellwair. Braidd yn blentynnaidd . . .

HARRI: Dwi o ddifri. A'r llythyr 'na. Wel mi wnes i sgrifennu ateb. Un go lawn hefyd.

GWYLAN: A be? Anghofio'i bostio fo?

HARRI: Dewis peidio.

GWYLAN: Pam?

HARRI : Doeddwn i ddim yn saff o be oeddwn i'n drio'i ddweud.

GWYLAN: Ma' gwleidyddiaeth heddiw yn beth cymhleth . . .

HARRI: Y gwir ydi, dwi wedi bod yn meddwl. Am gynnwys *Y Cryman*. Am y sgyrsie efo ti ar Faes y Steddfod. Am dy lythyr di. Am bob math o bethe. Meddwl gormod.

GWYLAN: Ie?

[Erbyn hyn maen nhw wedi crwydro i le tawel, cysgodol . . .]

GWYLAN: Sbia. Tyrd ni gerdded ar hyd y jeti.

HARRI: Ma'r lle wedi'i gloi.

GWYLAN: Wel?

HARRI: Sbia . . . ma' 'na gadwyn ar y gatie 'ma . . .

GWYLAN: Ydy hynna'n rhwystr?

HARRI: Does na'm hawl, nac oes?

GWYLAN: Babi.

HARRI: Gwylan . . .

GWYLAN: Gwatsha di hyn rŵan. Rho help llaw i fi Harri . . .

[Mae GWYLAN yn dechrau dringo'r gatiau mawr.]

HARRI: Paid â bod yn . . .

GWYLAN: Fyny at y bar canol 'ma . . . 'Na fo . . . Fedra i godi'n hun drosodd wedyn . . .

HARRI: Bydd yn ofalus, wnei di . . .

GWYLAN: 'Na fo . . . Hawdd!

[Mae hi ar ben y gatiau . . .]

GWYLAN: Tithe rŵan. Tyrd 'laen!

[Ac yn disgyn i lawr yr ochr arall . . .]

GWYLAN: A lawr . . .

[Erbyn hyn mae HARRI wedi gwneud yr un peth, a hithau'n ei helpu.]

GWYLAN: Ti'n gweld, ma'r pier cyfan gynnon ni i ni'n hunen rŵan.

HARRI: Ddylen ni ddim bod fan'ma o gwbwl.

GWYLAN: Wn i. 'Dan ni ddim fod i neud llawer o betha mewn bywyd. Ond dyna sy'n wych am fod yn rhydd i ddewis. Dewis torri'r rheola.

[Gan droi 'nôl ato, a chlosio mymryn.]

GWYLAN: Ti ddim yn credu?

HARRI: Wel, falle . . .

GWYLAN: Harri Vaughan. Dyna be ydi cyffro'r ewyllys rhydd.

HARRI: Bosib, ie.

GWYLAN: Harri Vaughan. Gafel yn 'y mraich i. Plîs. I nghadw fi'n gynnes. Mae'n dechra oeri'n sydyn . . . ne' fi sy'n dychmygu.

HARRI: Dwn i ddim wir. Dwn i ddim be wyt ti'n ddychmygu i gyd. Gwylan Thomas.

[Saib. Maen nhw'n cydgerdded rai camau, a hithe'n cadw'n glos.]

GWYLAN: Harri?

HARRI: Ie?

GWYLAN: Am beth ti'n feddwl dŵad?

HARRI: Dal i bendroni falle. Am y môr yn mestyn allan i'r twllwch fan'cw. Neb arall i'w weld yn unman . . . Am y sêr fyny obry . . . Fatha llygade. Yn sbio lawr. Ond yn gweld dim.

GWYLAN: Am y ferch 'na 'nôl adre? Honna ti fod yn 'i chanlyn . . .

HARRI: Honna dwi wedi dyweddïo efo hi . . .

GWYLAN: Ti'n meddwl amdani hi?

HARRI: Trio peidio. A paid holi pam.

GWYLAN: Achos bod fan'ma, rŵan, yn fyd gwahanol yn sydyn. Dyna pam. Ond ddylan ni ddim bod ofn mynd ar antur i fyd anghyfarwydd.

HARRI: Na?

GWYLAN: Dyna be ydi pwrpas gwleidyddiaeth. Gwleidyddiaeth radical beth bynnag. Arbrofi. A symud mlaen. Esblygu. Ar lefel wleidyddol a phersonol. Dyna'n athroniaeth i, weldi.

HARRI: Ie, goelia i.

GWYLAN: Ydw i'n siarad fath â llyfr weithia?

HARRI: Nac wyt. Twyt ti ddim.

GWYLAN: Pen draw'r jeti sy fan'na . . .?

HARRI: Ia. A'r dŵr. Mae o'n reit ddwfn hefyd.

GWYLAN: Be nawn ni 'ta . . .

HARRI: Troi 'nôl.

GWYLAN: Cyn ca'l 'yn dal, ia?

HARRI: Ma' hi'n hwyr beth bynnag.

GWYLAN: Ma'r noson yn ifanc. Be 'di'r brys?

[Mae Harri'n troi, a dechrau cerdded 'nôl.]

HARRI: Tyrd. Rŵan pwy sy'n cellwair?

GWYLAN: Harri Vaughan. Harri Vaughan. Tydan ni ddim wedi sgwrsio fawr ddim eto.

HARRI: Fedrwn ni siarad wrth gerdded. Tyrd rŵan . . .

[Mae HARRI'n cerdded yn ei flaen.]

[Saif HARRI mewn golau ger blaen y llwyfan, wrth i'r golau ar GWYLAN raddol ddiffodd . . .]

HARRI: Noson glaear, fwyn o fis Medi. Dechre tymor. Ac yn sydyn y meddylie cymysglyd am Lleifior a'r byd cul rhwng y cloddie uchel, yn pellhau. Yn od o sydyn hefyd . . . *[O'i boced mae'n tynnu llythyr]* Erbyn dechre Rhagfyr roedd y ffermdy a 'nheulu a'r gymdogaeth wedi tyfu'n fach. Efo'r pellter di-hitio sy mor rhwydd i fyfyriwr ynghanol rhialtwch coleg. Ond un bore oer yn Rhagfyr fe ddaeth llythyr annisgwyl wrth Greta. I roi sgytwad sydyn, i rybuddio . . .

GOLYGFA TRI

[Golau ar GRETA, yn adrodd cynnwys y llythyr.]

GRETA: Mae'n ddrwg calon gen i yrru llythyr fel hwn, gyda newyddion digon diflas. A maddau imi am darfu ar dy fwynhad ym Mangor ddiwedd tymor fel hyn. Mae'n siŵr y bydd y cynnwys mor annisgwyl greulon ag ymweliad lladron yn y nos pan fo dynion yn dawnsio. Mae'r wythnosau diwethaf wedi bod yn rhai garw yn Lleifior . . .

[Golau i fyny ar far y tafarn bach yn y pentre, y Crown. Yno mae WIL JAMES a ROBIN BOL UWD yn yfed, gyda SISSI PERKINS yn gweini, a MARGED MORRIS newydd gerdded i mewn.]

WIL: Sissi! Sissi!

SISSI: *[O ffwrdd]* Be!

WIL: Syrfis plîs, Mrs Perkins!

SISSI: Amynedd, Wil. A llai o'r gweiddi 'ma.

WIL: Dwbwl arall a soda 'sgweli di'n dda, Sissi.

SISSI: Mond i ti beidio codi twrw a distyrbio Llanaerwen gyfan . . .

WIL: A be gymeri di, Marged fach?

MARGED: Dwi ddim yma i yfed.

ROBIN: Cymer, ferch.

MARGED: 'Nôl stowt i Nhad. 'Di o'm digon da i fentro allan.

SISSI: Yr hen frest, ie?

MARGED: Fuodd o 'nôl yn 'i waith wthnos ddwetha. Fyny efo'r gang ar y Lôn Dop. Yn yr holl eira 'na. Rŵan mae o 'nôl yn 'i wely ers deuddydd.

SISSI: A' i i 'nôl potel iddo wedi i mi syrfio'r cythrel diamynedd yma fan'ma. 'Ma ti Wil.

WIL: Ac un arall i Robin fan'ma. Whisgi?

ROBIN: Peint 'se well.

WIL: Peint o stowt coch braf, i gnesu 'i berfedd o.

SISSI: Ti'n swnio fel bardd, a gwario fel lord.

WIL: 'Mhres i ydi o.

SISSI: Y decpunt pŵls 'na heb 'i wario i gyd?

WIL: Digon ar ôl.

SISSI: Pam ti'n gwgu cymaint 'te Wil? Golwg sarrug arnat ti.

ROBIN: Y Jeri, 'nde.

WIL: Ie. Y Jyrman.

ROBIN: Blydi Jyrman.

WIL: Lordio hi o gwmpas Lleifior acw.

SISSI: Gweision tâl 'di'r ddau ohonoch chi'n 'te? Ne' ydi o wedi cael *promotion* ne' rwbeth?

WIL: Byhafio fel tae o wedi. Cael Terence a finne i lanhnau'r buarth a'r beudy, allan yn glaw a'r cenllysg, tra'i fod ynte'n cael diwrnod ffwrdd i fynd i 'Mwythig.

SISSI: Ty'd â'r chweugain 'na i mi. Fydd rhaid mi 'nôl newid o'r gegin fach.

ROBIN: Amwythig? Be o'dd mlaen heddiw?

WIL: Dim oll. 'Na'r pwynt, ynde. Mynd 'ne i siopa oedd y diawl. Greta'n rhoi caniatad iddo fo, gynted gofynnodd o. Ma'r Jyrman yn 'i throi hi o gwmpas 'i fys bach. Fynte wedyn yn 'i seboni hi, dawnsio tendans arni. Sbio arnyn nhw weithia, ma' nhw fel dau gariad, nid gwas a merch y meistres . . .

ROBIN: Blydi Jeri.

WIL: Gollest ti dy frawd yn North Affrica 'radeg rhyfel, yndo Robin?

ROBIN: Do, cythrel.

WIL: Fan'no o'dd Karl.

ROBIN: Y?

WIL: Yn y *Panzer Division*. Efo Rommel. O'dd o'n gorpral ne' rwbeth.

ROBIN: Jyrman Lleifior?

WIL: O ie. *[Ennyd]* A ma' hi'n ddiawl o beth, wsti, glywed o'n sôn faint o hogie ni laddodd o. Ymffrostio 'fyd. A finne wedyn yn meddwl am John dy frawd... Ma'n troi arna i, feddwl fod Jeri wedi bod yn bart o ddwyn bywyd hogia da fel John. Hogie ifenc o'r ardal 'ma.

ROBIN: Isio crogi nhw. Hyns diawl.

WIL: Well i chi gadw o ffordd 'ych gilydd 'ta.

[Daw SISSI 'nôl i mewn.]

WIL: Fydd o'n dŵad odd'ar bỳs Henberth mhen rhyw hanner awr. Pasio fan'ma, wedyn adre trw'r coed yn y cefn ma...

SISSI: Dy newid di, Wil. Hwde.

ROBIN: Isio lladd nhw gyd!

WIL: Thenciw Sissi...

[Golwg hunanfoddhaus ar wyneb WIL JAMES. Yn sydyn mae ROBIN BOL UWD yn taro'i wydr peint i lawr yn galed...]

ROBIN: Jyrmans! Lladd John ni . . .

[Mae ROBIN BOL UWD yn rhuthro allan.]

WIL: Lle ti'n . . .? Well mi fynd i edrych be sy mater efo fo . . . Robin!

[WIL JAMES yn llowcio'r whisgi mewn un llyncaid, ac yn prysuro allan ar ôl ROBIN BOL UWD.]

MARGED: 'Den nhw ddim yn mynd i neud dim byd drwg i Karl – nac'dan?

SISSI: Na, rhyw chwythu bygythion, siŵr. Pam, sgen ti *soft spot* am y Jyrman ne' rwbeth?

MARGED: Mae o'n ddyn da. Dyn propor. Wastad mor gwrtais pan dwi 'di digwydd siarad ag o yn pentre.

SISSI: Deuda'r gwir, Marged. Gen ti ffansi ato fo . . .

MARGED: Am beth dwl i ddeud!

SISSI: Dwi wedi dy weld di. Pan o't ti'n neud dipyn o lanhau i mi fan'ma, yn stopio a syllu pan o'dd ynte a Harri Vaughan yn pasio tu allan.

MARGED: Tydi hanner genod y pentre yn syllu ar y ddau yna? Dwn i ddim i ba ddiben, chwaith. Ma' Lleifior ar blaned wahanol i fan'ma i bob pwrpas. Ga' i'r stowt yna rŵan, plîs Sissi?

[Mewn rhan arall o'r llwyfan, a hithau'n nos glaerwen tu allan, gwelwn KARL yn cerdded gan astudio bocs bach yn ei ddwylo – rhyw bresant wedi ei lapio mewn papur ffansi. Cerdda KARL yn ei flaen, gan dynnu ei got yn dynnach yn erbyn yr oerni.]

[Yn y cysgodion nid nepell oddi wrtho mae WIL JAMES wedi dal i fyny gyda ROBIN BOL UWD, yng nghoed Argain.]

WIL: 'Na fo Robin. Sbia! Troi am y coed rŵan . . . Meddylia am dy frawd druan. John . . . Fydda i efo ti, yr holl ffordd, was . . .!

ROBIN: Jeri uffer!

[Mae WIL JAMES yn mosiynnu arno i fod yn dawel ar ennyd. Mae KARL yn cerdded yn agos i'r fan lle maen nhw'n cuddio . . . Gan ruo, mae ROBIN BOL UWD yn codi ac yn rhuthro ar KARL. Trawa KARL gydag un hergwd anferth, yna dechreua ei leinio . . . nid yw KARL yn ymateb nac hyd yn oed yn llwyddo i'w amddiffyn ei hun.]

KARL: Vater, vergib ihnen . . .

[Disgynna KARL i'w liniau, fel pe mewn ystum gweddïo, cyn i'r ciciau nesaf lanio . . .]

KARL: Vater, vergib ihnen . . . denn sie wissen nicht, was sie tun.

[Mae KARL nawr wedi ei gicio i'r llawr. Mae WIL JAMES yntau yn mentro un neu ddwy gic ychwanegol at gorff diymadfferth KARL. Gyda phob rheg mae dwrn a chic arall yn sigo corff KARL. Tynn WIL JAMES ROBIN BOL UWD oddi ar KARL. Rhed y ddau ddyn i ffwrdd i'r tywyllwch gan adael KARL yn sypyn diymadferth yng ngolau brith y lleuad . . .]

[Golau i lawr ar y rhan hon o'r llwyfan.]

[Golau fyny ar stafell wely Margaret yn Lleifior.]

EDWARD: Wel?

PAUL: Your pulse is weak, Mrs Vaughan.

MARGARET: *Really?*

PAUL: *And breathing's slightly erratic.*

MARGARET: *This winter weather, Doctor Rushmere.*

PAUL: *It's not just that, is it now?*

GRETA: *'Dach chi'n gweld, Mam? O'n i'n deud . . .*

EDWARD: Ssh Gret.

GRETA: *I'm so glad you were able to come, Paul.*

MARGARET: *Yes. But we didn't intend that you drop everything, and rush over . . . We really appreciate . . .*

PAUL: *I had a free day tomorrow. And it's your birthday, Greta. Spending it here will suit me too. A little pre-Christmas visit, albeit unscheduled. It's good to be here. Now then . . . The pain, it's along here?*

MARGARET: *Yes.*

PAUL: *And this side of your tummy too?*

MARGARET: *Yes.*

PAUL: *You're looking decidedly thinner than you were a couple of months ago . . . I suspect that after we've explored everything more thoroughly . . . we might have to consider . . . surgery.*

EDWARD: *Doctor Owen was here yesterday.*

PAUL: *So?*

EDWARD: *He . . . advised against that. An operation.*

PAUL: *Did he?*

EDWARD: *Thought I . . . should pass that on.*

PAUL: *I'd like to look at you in more detail, Mrs Vaughan. Before I say anything else.*

EDWARD: *I'm sure that you'd welcome another cup of tea . . .* Awn ni lawr, Greta.

GRETA: Ia, Nhad.

[Mae hi'n ei arwain allan.]

GRETA: *Come down when you're ready Paul.*

PAUL: *Of course.*

[Saib]

MARGARET: *He's not very . . . relaxing you know.*

PAUL: *Who? Your old Doctor Owen?*

MARGARET: *No. My old Edward.*

PAUL: *Maybe not. In these circumstances . . . Right, let's have a more detailed look then. I'll just warm this old stethoscope for a second first . . .*

[Golau i lawr ar y stafell wely . . . ac yn codi ar ran o'r stafell fyw, lle mae GRETA ac EDWARD yn wynebu ei gilydd.]

GRETA: Mae o'n meddwl y byd o Mam.

EDWARD: Bwysicach na hynny, mae o'n dy garu di'n angerddol.

GRETA: Dwn i'm . . .

EDWARD: Rhuthro lawr fan'ma o Rodney Street, wedi un galwad teleffôn . . .

GRETA: Mae o'n medru gweithio'r orie mae o'n ddewis, a mynd a dod fel –

EDWARD: Am 'i fod o'n un o'r gore yn y wlad bellach. Ma' i feddyg felly anelu am berfeddion Trefaldwyn yn hwyr y nos ar ddiwedd diwrnod hir o waith . . . nid mond ar gyfer dynes glaf ma' hynny, ar alwad sy ddim yn fater brys . . . Ar gyfer merch ifanc ma' hynny, ddeudwn i. Dod yma wna'th o flwyddyn 'nôl i saethu ffesantod. A 'nôl eto . . . ac eto . . . a'n fuan iawn toedd na'm sôn am saethu na sgota, mond closio atan ni fel teulu, mwynhau'r croeso . . . a mwynhau dy gwmni di.

GRETA: Twt. Mynd a dŵad ma' ffansi dynion.

EDWARD: Nace, Greta.

GRETA: A ma' ganddo fo lond dinas o ferched ifanc swanc fyny fan'na. Gawn ni weld sut bydd hi mhen rhyw flwyddyn, ie?

EDWARD: Leiciwn i ddim meddwl bod gen i ferch sy'n ffŵl.

GRETA: Tydw i ddim. Bod yn *realist* ydw i.

EDWARD: *Realist?* [*yn wfftiol*] Be 'di un o'r rheiny, dwêd . . .

[*Saib*]

EDWARD: Nid bob dydd ma' un o feddygon disgleiria'r Deyrnas yn dod i Gymru i chwilio am wraig . . .

GRETA: Nid dyna pam doth o . . . fel deudoch chi'ch hun, dŵad i saethu . . .

EDWARD: Ond rŵan, priodi, nid saethu, sydd ar 'i feddwl o. 'Dach chi blant yn meddwl ma' rhywbeth sy'n digwydd ydi serch, rhwbeth nad oes ganddoch chi ddim rheoleth arno fo. Bod rhaid mynd yn slaf iddo fo pan ddaw o. Ond peth ydech chi'n 'i dyfu ydi serch. Ma' syrthio mewn cariad yn union fel tyfu yd. Mi ydw i'n dewis y cae dwi am dyfu yn'o fo y flwyddyn nesa . . .

GRETA: Nhad . . .

EDWARD: Ac ma' merch yn dewis y dyn ma' hi am syrthio mewn cariad hefo fo. Am 'i bod hi wedi penderfynu mai dyna'r dyn fedr roi'r bywyd gore iddi.

GRETA: Y ritỳrn gore . . .?

EDWARD: Nid pob merch o dras cyfoethog, fel ti, sy'n ca'l cynnig statws mor uchel hefyd. Gwraig i un o lawfeddygon amlyca Prydain. A chartre crand ynghanol dinas a'r –

GRETA: Dad . . .!

EDWARD: Ti'n wfftio? Does na neb arall, nac oes Greta?

[Awgrym o chwerthiniad wfftiol gan Greta.]

EDWARD: Yn nac oes?

[Daw PAUL i mewn cyn i GRETA leisio unrhyw ateb.]

PAUL: *Mr Vaughan, Greta, she's a brave woman. But I do think she's suffering unnecessarily.*

EDWARD: *How do you mean?*

PAUL: *I'd like to conduct an exploratory operation. Then probably we can decide on corrective surgery.*

EDWARD: *We?*

PAUL: *I can't do anything without your consent. Your wife seems to defer to you, and to your family doctor . . .*

EDWARD: *Doctor Owen said surgery would be far too dangerous.*

PAUL: *Dangerous? To a degree. But in my hands –*

EDWARD: *He was adamant. And he's been our family doctor for over –*

PAUL: *Mr. Vaughan, how long do you think your wife has been suffering?*

EDWARD: *She's had ... problems ... ever since she had Greta.*

PAUL: *Twenty years is a long time. Now it's worsening.*

EDWARD: *Yes, but –*

PAUL: *And in those twenty years medicine has made considerable advances. Particularly so in these last few years. And it's an area that I'm well versed in. That's why I –*

EDWARD: *You see, Doctor Owen explained that any drastic measures could cause very dangerous complications. Rest he recommended ...*

PAUL: *Rest? Risk avoidance in other words ...*

EDWARD: *No risks. Exactly.*

PAUL: *And I recommend differently. The risk would be relatively small.*

EDWARD: *But it would still be that – a risk to her life. Margaret and I, we've talked about this, believe you me ...*

GRETA: *There are a lot of factors, Paul. Mam is very nervous of any surgery. And Doctor Owen said he's monitoring –*

PAUL: *Greta! Margaret is your mother, and that's my main consideration. If surgery is the best course for her, the best hope, then surgery she shall have. And I will operate on her myself . . .*

EDWARD: *And I must abide by Doctor Owen's advice. Always have. I don't have any choice about that . . .*

PAUL: *Don't have any – !*

[Ond ar draws hyn sŵn rhywun yn baglu at y drws allanol ac yn syrthio'n drwm yn ei erbyn.]

KARL: *[oddi ar y llwyfan]* Greta . . . Mr Vaughan . . . !

[Rhuthra GRETA i ateb yr alwad – EDWARD yntau yn troi i'w dilyn.]

PAUL: *Is that your final word, about Margaret?*

EDWARD: *Yes. It is.*

PAUL: *You refuse permission for an operation.*

EDWARD: *At the moment, yes. Absolutely.*

[Mae GRETA yn helpu KARL i'r gegin. Mae KARL yn waedlyd a mwdlyd, ac mewn poen ofnadwy.]

GRETA: Pwy 'nath hyn?

KARL: Rhyw ddynion.

GRETA: Ble?

KARL: Pentre. Yn y coed.

GRETA: Ond pam?

EDWARD: Pwy fasa'n gneud ffasiwn beth? Yn Llanaerwen.

PAUL: *Let's have a look at you. Sit here.*

GRETA: Pam naeth rhywrai ymosod arnat ti?

KARL: Dydw i ddim yn gwybod.

PAUL: *First thing is to clean this face up. Would one of you fetch some clean cloths or towels, and run some hot water . . .*

GRETA: Mi a i. *[wrth fynd]* Ddigwyddodd rhwbeth yn Amwythig, Karl? Fuest ti mewn rhyw ddadl efo rhywrai?

EDWARD: Amwythig?

GRETA: *[oddi ar y llwyfan]* Roddes i ganiatad iddo fo, Nhad. Prynhawn ffwrdd.

KARL: *[yn gwingo wrth i PAUL archwilio archoll]* *I'm sorry . . . I should be braver . . .*

EDWARD: A be 'di'r ogle 'ma sy arnat ti? Ti wedi bod yn hel diod?

PAUL: *These swellings are coming up fast . . . Are your ribs in pain too . . .*

KARL: *Yes . . .*

EDWARD: Be 'di'r ogle alcohol 'ma . . .

PAUL: *Not alcohol. Perfume. Expensive perfume at that . . .*

KARL: Anrheg. Roeddwn i'n cario persawr, amser yr ymosod. Es i i Amwythig i'w brynu.

EDWARD: I pwy? Sgen ti'm unrhyw –

[Daw GRETA 'nôl fewn gyda phowlen o ddŵr a thywelion.]

KARL: Dim ots am hynny. *I'll be alright, Doctor Rushmere.*

PAUL: *Yes you will. Once I've cleaned you up. Then go to see Doctor Owen first thing in the morning, have them checked again. [yn ei lanhau] You'll survive. It'll be a few weeks before you'll want to sit for any oil painting . . .*

GRETA: A welest ti ddim pwy 'na'th o gwbwl?

KARL: Na. Rhy dywyll. Weles i ddim byd.

PAUL: *I'll get some stitches and iodine from the car, tidy this worst cut up before I go . . .*

GRETA: *Before you go?*

PAUL: *There's no point my staying here. Since your father's so adamant about Mrs Vaughan. And I'm not sure why you asked me to come all this way if my advice wasn't going to be heeded.*

EDWARD: *Going against Doctor Owen isn't an option . . .*

PAUL: *And there's no more to be said then. I don't want to tell you how foolish you are. You may find that out for yourself. God grant that you will not.*

GRETA: *So you're going, tonight . . .*

PAUL: *As soon as I've stitched Karl up now. I shall have other lives to save in the morning. In Liverpool . . . if not in Lleifior . . .*

[Golau'n pylu ar gegin Lleifior.]

[Edward yn croesi at ofod lle mae golau'n codi, i awgrymu golau dydd, allan yn Llanaerwen.]

SISSI: Mr. Vaughan. Syr.

EDWARD: Mrs Perkins?

SISSI: Isio gair, syr.

EDWARD: Ie?

SISSI: 'Ych gwas chi, syr. Ma' 'na sôn ar led 'i fod o wedi cael cweir ofnadwy, neithiwr. Bod o'n rhospital. A bod y polîs yn mynd i holi pawb . . .

EDWARD: Lle clywsoch chi hyn i gyd?

SISSI: Wrth agor y Crown jest rŵan. Ddeudodd rhai o'r ffarmwrs . . . A bod 'ne gar ditectifs draw efo chi yn Lleifior neithiwr.

EDWARD: Car Paul . . . Wel, ma'r hanes wedi tyfu rhywfaint, fel pelen eira Mrs –

SISSI: Achos wn i pwy 'nath. A to'dd y Crown ddim oll i neud â'r peth. Er mai fan'no o'n nhw'n yfed. Ac mai yn y coed tu ôl i'r dafarn digwyddodd o . . .

EDWARD: Deudwch chi be' fedrwch chi wrtha i. Mi dria inne gadw enw'r Crown allan o'r busnes . . . Pwy o'dd wrthi'n union?

[Mae SISSI ac EDWARD yn dechrau cerdded, gyda hi'n wyliadwrus ei siarad, yntau'n gwrando'n astud . . .]

SISSI: 'Ych gwas arall chi, Wil James. Dwn i'm be' sy' wedi cythruddo'r dyfroedd fyny tua Lleifior 'cw. Ond 'ych dyn chi 'i hunan o'dd tu ôl i'r cwbwl . . .

EDWARD: Ydech chi'n siŵr o hynny?

SISSI: Ydw, tad. Wil James a Robin.

EDWARD: Os felly, ddylech chi fynd at yr heddlu.

SISSI: Tydi landledi ddim i fod i fradychu cyfrinache 'i chwsmeried. A, fel dwedes i, tydw i ddim isio llusgo enw'r Crown fewn i hyn. Ond Wil James a Robin 'na'th . . .

['Nôl gyda GRETA yn gorffen adrodd cynnwys y llythyr.]

GRETA: Ac felly bu hi yma, Harri. Wil yn colli ei le ar y ffarm. Ond finne, rwy'n ofni, bellach wedi colli Paul. Mae Nhad tan ofid dirdynnol, yn beio'i hunan am roi sac i Wil heb dystiolaeth cyfraith, na hyd 'noed gadarnhad wrth Karl, gan fod hwnnw'n ormod o sant, rwy'n tybio, i bwyntio bys bai at gydweithiwr. A Dad hefyd yn beio'i styfnigrwydd ei hun am ddieithrio Paul a sarnu'r dyweddïad. Ac ar ben hyn oll, mae iechyd Mam druan yn prysur ddirywio. Yn union fel y bu i Paul rybuddio . . .

[Golau i lawr.]

GOLYGFA PEDWAR

[Mae HARRI'n rhoi'r llythyr yn ôl yn ei amlen, a'r amlen yn ei boced.]

GWDIG: Harri bachan, paid gadel i siwd bethe sarnu diwedd y tymor i ti. Ca'l hen bwl bach ma' hi wedi neud . . . Ma'r pethe 'ma'n dod gydag oedran.

[HARRI heb ei gysuro . . .]

GWDIG: A fyddi di gatre gyda hi cyn diwedd yr wthnos.

[Yn y cefndir mae EIRLYS ac AVRIL yn bwydo arian i rwyll y jiwcbocs.]

HARRI: Dwi'n poeni mwy am 'y nhad nag am ddim arall.

GWSIG: Ond mae e'n iach fel cneuen . . .

HARRI: Iach o gorff. Ond ma' Greta'n dweud 'i fod o'n poeni am y busnes 'ma o sacio Wil James.

GWDIG: Pob mistir yn saco gwithwr o bryd i'w –

HARRI: Ond heb dystiolaeth hollol bendant yn yr achos yma? Tydi o'm isio peryglu 'i enw da. Ma' delwedd mor bwysig iddo fo. Mae o'n Gynghorydd Sir hefyd cofia, a lecsiwn i ddŵad yn y gwanwyn. Ma' Nhad yn poeni am neud pob un dim yn hollol anrhydeddus.

GWDIG: Rhaid i ti ddilyn dy galon yn y materion 'ma.

HARRI: Trw fod yn driw i Karl, ma' Nhad wedi gneud gelyn o Wil James am byth, a ma' Wil yn ddyn bach gwenwynig. Trw' fod yn deyrngar i Doctor Owen ma' Nhad wedi gelyniaethu Paul, a Paul yn 'i dro wedi colli 'i amynedd efo Gret fach. Ti'n gweld, Gwdig, ma' bywyd yn gymhleth i hen benteulu sy'n dechre simsanu . . .

GWDIG: Fyddi di 'nôl 'da nhw i gyd yn y man, i neud yn siŵr bo nhw'n ca'l Nadolig deche – dy fam, dy dad, dy wha'r fach . . .

HARRI: A 'nyweddi annwyl. Lisabeth. Paid â'i hangofio hi. Ges i lythyr arall wrthi hithe ddoe . . .

GWDIG: O'r mowredd . . . Ôl dagre ar y papur 'to?

HARRI: Na, nid tro hyn. Ond roedd o'n syrffedus 'run fath.

GWDIG: O?

HARRI: Ma' rhywun yn cael llond bol ar yr holl sôn am arian. Hwn a hwn yn 'gneud 'i beil' hon a hon yn 'priodi'n dda' . . . gyda rhywun 'propor' o 'deulu parchus' . . .

GWDIG: Wel, 'na'r gymdeithas ti'n rhan ohoni, bachan.

HARRI: Dyna'r gymdeithas dwi'n syrffedu arni, Gwdig.

GWDIG: Fe fydd Cymry cefen gwlad yn dala i grafangu am arian ac eiddo pan fydd comiwnyddieth yn ddim ond rhes o lyfre yn hela llwch ar shilff.

HARRI: Ti'n siarad yn debycach i Dori nag i aelod o Blaid Cymru.

GWDIG: Un peth ma' Plaid Cymru wedi ddysgu i fi yw dod i nabod 'y mhobol. A'u blaenorieithe . . .

[Daw EIRLYS ac AVRIL atynt . . . yn swil ond yn wrjo'i gilydd ymlaen. Ar y jiwcbocs mae record egniol fel 'Mambo Fever' yn dechrau chwarae.]

EIRLYS: Harri? Mr Vaughan?

HARRI: Ie?

EIRLYS: Be am ddawns?

HARRI: Fi? Neno'r tad, na . . .

EIRLYS: Ma'r parti wedi cychwyn. Pawb yn dawnsio . . .

AVRIL: *Excuse Me* . . .

GWDIG: Pam, be chi wedi neud 'te?

[Gwdig yn chwerthin yn harti am ben ei jôc ei hun. Dyw'r lleill ddim.]

AVRIL: '*Excuse me*' y genod. Be ddeudi di, Harri? Efo pa un o ni leiciet ti ddawnsio?

HARRI: Dydw i ddim yn un am ddawnsio. Wir rŵan.

EIRLYS: Ddeudes i, on'd do? Gormod o snob.

HARRI: Na, wir. Dwy droed chwith . . .

AVRIL: Ddim yn un i ddawnsio efo merched cyffredin fel ni.

EIRLYS: Un o uchelwyr bach Powys ddim yn dawnsio efo genod taeog.

HARRI: Tydw i ddim yn un o uchelwyr Powys . . .

AVRIL: Ti ddim yn un o'r werin, ma' hynny'n amlwg i bawb.

[Maen nhw'n dechrau troi i ffwrdd.]

GWDIG: 'Nes i ddim gwrthod!

EIRLYS: Nethon ni ddim gofyn . . .

[Maen nhw'n cerdded yn ôl at y jiwcbocs.]

GWDIG: Ma'r ddwy 'na'n gwbod siwd i roi lo's i ddyn

HARRI: Ydan. O'dd hynna'n hollol annheg. Tydw i'm yn gwisgo fath â snob, ddim yn bihafio fath â –

GWDIG: Sôn am 'yn hunan o'n i, gwboi. Y ffordd nethon nhw'n wfftio i . . .

HARRI: Ti? Tynnu coes oeddan nhw siŵr. Sbia – ma' nhw'n dal i edrych draw. Yn disgwyl i ti fynd ar 'u gofyn nhw.

GWDIG; Ti'n meddwl?

HARRI: Bendant i ti.

GWDIG: Dere 'te, tra bod yr haearn yn bo'th.

HARRI: Cer di. Oeddwn i'n deud y gwir, ynglyn â dwy droed chwith . . .

GWDIG: O ie? Ond ddawnsiet ti 'da hon 'se hi'n gofyn!

HARRI: Be?

[Mae'n amneidio. Mae e wedi gweld GWYLAN yn dynesu, cyn i HARRI wneud.]

HARRI: O . . . Gwylan . . .

GWDIG: 'Na fe 'te. Gewch chi'ch dou drafod targedi cynnyrch diwydiannol y wladwrieth Sofietaidd, tra bod y gweddill ohonon ni'n joio bywyd myfyrwyr normal.

[Mae GWDIG yn mynd.]

GWYLAN: Dos di efo fo Harri. Ma' dwy ohonyn nhw.

HARRI: Gad iddyn nhw ymladd dros y *matinee idol* o Grymych. Be wnawn ni 'te, Gwylan? Aros fan'ma . . . mynd am dro . . . ?

GWYLAN: Fyny i ti. Os wyt ti am ddŵad am dro efo fi –

HARRI: Ydw siŵr –

GWYLAN: Fydd gofyn ti fod yn handi efo bwced a phast . . .

HARRI: Be?

GWYLAN: A gofyn bo ti'n medru dringo pontydd yn y twllwch . . .

HARRI: !?

[Dan chwerthin mae hi'n ei arwain allan.]

[Yn gefndir iddynt mae'r gerddoriaeth mambo a jitterbug yn tyfu. Mae GWDIG yn dawnsio'n heini a llawn egni gydag AVRIL ac EIRLYS . . .]

[Mae HARRI a GWYLAN yn dringo wal, ac efallai ochr pont, er mwyn hongian rhai posteri ag arnynt sloganau coch a du comiwnyddol, a'u pastio ar waliau'r bont neu'r adeilad uchel . . .]

[Golau fflachlamp yn sgubo drwy'r hanner tywyllwch . . . yn pasio dros GWYLAN, wedyn HARRI . . . mae llewyrch y golau fflachlamp yn dychwelyd ac yn ffeindio HARRI eto . . .

a GWYLAN . . . ond erbyn sgubo 'nôl yr eildro mae'r naill ac yna'r llall wedi disgyn i lawr i'r ddaear ac yn sgrialu oddi yno i gysgod y tywyllwch . . .]

[Gwich fain chwiban plisman drwy'r tywyllwch . . .]

[HARRI a GWYLAN yn chwerthin wrth redeg, ac yn rhedeg nerth eu coesau, neu dod i stop yn sydyn, allan o wynt yn lân . . .]

[Mae'r dawnsio wedi peidio o'r tu ôl iddynt, a GWDIG nawr yn cerdded â braich yr un am ysgwyddau AVRIL ac EIRLYS at olau a sŵn croesawus tafarn yn y dre. Mae HARRI a GWYLAN yn dynesu at yr un dafarn, o gyfeiriad arall . . .]

GWYLAN: Rŵan dwi'n barod i gymdeithasu . . .

HARRI: Y Garth, am ddiod?

GWYLAN: Plîs. Ma' rhai o aeloda'r Soc-Soc a'r Blaid Gomiwnyddol leol yn cwrdd fewn 'na.

HARRI: O'dd Gwdig yn sôn am fynd draw hefyd . . .

GWYLAN: *[Gan dynnu ystum]* 'Na fo 'ta. Fydd 'na ddigon o hwyl rhwng popeth felly . . .!

HARRI: Dwi'n mynd i golli hyn. Yn go enbyd.

GWYLAN: Twt wir, Harri bach. Fyddi di adra yn gynnes yng nghôl Lisabeth cyn pen dim, a Bangor yn bell, bell o dy feddylia di.

HARRI: Na.

GWYLAN: Na be?

HARRI: Fydda i ddim yn medru peidio meddwl am Fangor. A dowt gen i a fydda i hanner mor glós ag oeddwn i at Lisabeth chwaith.

GWYLAN: Pam deud hyn wrtha i rŵan?

HARRI: Fydda i'n gweld dy golli di hefyd, Gwylan.

GWYLAN: Finna chditha. Gweld colli'r dadla a'r anghytuno, beth bynnag.

[Mae hi'n symud at fynedfa'r dafarn.]

GWYLAN: Fydda i'n dal yma tymor nesa. Yn aros amdanat ti. I drio dy berswadio di i dderbyn y gwirionedd.

HARRI: Falle synni di. Falle bydd 'na lawer o bethe wedi newid yn 'y mywyd i dros y Nadolig.

GWYLAN: Tyrd fewn rŵan, Harri. Dwi'n dechra fferu allan fan'ma.

[Mae swn canu'n cychwyn yn y dafarn – un neu ddau lais yn dechrau ar 'Avanti Popolo']

Avanti Popolo a la rescossa
Bandiera Rossa, bandiera rossa
Avanti popolo a la rescossa
Bandiero Rossa, trionfera.

Bandiero rossa trionferra
Bandiero rossa trionferra
Bandiero rossa trionferra
Eviva communisimo e liberta!

HARRI: Dwi eishe gorffen dweud hyn.

GWYLAN: Deud be?

HARRI: Dwn i ddim os ydy'n nyweddïad i a Lisabeth yn mynd i allu para.

[GWYLAN yn ymateb.]

HARRI: Dweda rywbeth, Gwylan.

[Saib eto]

HARRI: Plîs . . .

GWYLAN: Iawn. *[Ennyd]* Ti'n canlyn geneth o deulu ariannog. Teulu sy, fel dy un di, wedi tyfu'n fras ar draul chwys y gweithwyr. Os briodi di Lisabeth fe fydd rhaid i ti anghofio am dy ddelfryda' sosialaidd newydd, am hybu cymdeithas gyfartal . . .

HARRI: Fydda i ddim yn newid . . .

GWYLAN: Ond os gorfodi di Lisabeth i newid, fydd hynny'n groes i'r graen iddi hitha. Yn 'i hamddifadu hi o'r hawddfyd ma' hi isio'i rannu efo ti. Fydd hynny'n creu priodas hesb . . . cyfaddawd fydd yn tanseilio'r berthynas. Ac os driï di herio'r *status quo* yn Lleifior a'r fferm arall yna . . .

HARRI: Trawscoed . . .

GWYLAN: Trawscoed, fe chwali di freuddwyd nid mond Lisabeth ond dau deulu, dwy stad. Llawer iawn haws, Harri, i ti anghofio popeth am gydraddoldeb, am dy gydwybod, amdana i . . .

HARRI: Byth. *[Ennyd]* Byth, byth, byth, Gwylan . . .

GWYLAN: Ofynnest ti am 'y marn i. 'Na ti wedi'i gael o. Rŵan, tyrd i fewn – cyn i ti rewi'n dalp allan fan'ma . . .

[Mae hi'n ymestyn am ei law . . . yn gafael. Am ennyd mae'n tynnu ei law yn ôl. Heb ymateb, aiff GWYLAN i mewn i'r dafarn.]

[Mae'r criw, sy'n cynnwys BILL KENT a JIMMY, yn awr yn dechrau canu yr Internationale. Saif Jimmy ar ben bwrdd gan godi baner fawr o'r morthwyl a'r cryman a'r llythrennau C.P.G.B. arno . . .]

Arise ye starvelings from your slumbers
Arise ye criminals of want
For reason in revolt now thunders
And at last ends the age of cant.
Now away with all your superstitions
Servile masses, arise! Arise!
We'll change forthwith the old conditions
And spurn the dust to win the prize.

Then comrades come rally
And the last fight let us face
The Internationale
Unites the human race.

[Ar draws y gân dechreua GWYLAN ar fersiwn Gymraeg T.E. Niclas o'r Faner Goch . . . ymuna EIRLYS ac AVRIL â hyn. Mae GWDIG hefyd yn ymuno yn y canu anthemig . . .]

Mae baner gwerin yn y nen
A'i phlygion tanllyd uwch ein pen;
O'r gwan a fathrwyd o dan draed
Y daeth i'w phlygion liw y gwaed.

Mae'r Faner Goch yn fflam o dân
Yn chwifio yn yr awyr lân;
Er brad y stanc a nos y gell
Cyhoedda'r Faner ddyddiau gwell.

O gelloedd y carcharau du
Fe gwyd y gân yn nodau cu;
O frwydrau trwm y werin wan
Fe gyfyd cân o hyd i'r lan.

Mae'r Faner Goch yn fflam o dân
Yn chwifio yn yr awyr lân;
Er brad y stanc a nos y gell
Cyhoedda'r Faner ddyddiau gwell.

[Ar gornel arall o'r llwyfan, golau yn dangos EDWARD, MARGARET a GRETA . . . ill tri yn syllu at HARRI – sy'n sefyll rhwng ei deulu mud a chanu mawr y dafarn.]

[Gorffen ar grescendo'r canu . . . Golau i lawr.]

EGWYL

ACT 2

GOLYGFA PUMP

[Synau'r Plygain oddi allan. Wedyn golau'n codi ar aelwyd Lleifior a choeden Nadolig a thrimins.]

GRETA: *[Wrth MARGARET]* Gadewch chi'r trimins yna i ni rŵan.

MARGARET: Dwi wedi gwneud bob Nadolig cyn rŵan efo ti, Gret. Pam ddyle 'leni fod yn wahanol?

GRETA: Achos –

KARL: Gnewch chi'r cadwyni, Mrs Vaughan. Fe wnawn ni'r hongian. Lle ma' Harri heno?

GRETA: Allan yn cerdded yn rhwle.

MARGARET: Allan yn canlyn.

GRETA: Ydi o?

MARGARET: O ydi. Mae o'n rhannu ambell beth efo'i fam o hyd, nid mond efo'i chwaer. Mae o'n mynd â Lisabeth am sbin. Ar hyd ochre Moel yr Afr.

GRETA: Fydd hi'n rhynllyd o oer.

MARGARET: Fyddan nhw'n gweld y machlud ar 'i ore yn fanno.

KARL: Harri. Yr hen ramantydd . . .

MARGARET: Ie, yntê?

[Golau i fyny ar HARRI a LISABETH, allan yn y nos rhynllyd.]

LISABETH: Pam 'dan ni ddim yn y car?

HARRI: Be?

LISABETH: Fedren ni weld y machlud o glydwch y car, yn medren? Lle sefyll fan'ma'n rhewi.

HARRI: Ro'dd gen i awydd cerdded chydig.

LISABETH: Ma' nannedd i'n rhincial.

HARRI: Paid bod yn ddwl.

LISABETH: Ma' nhw! *[Yn mosiynnu rhincial ei dannedd]* Ti ddim yn sefyll digon agos ata i. Pam ti'n cadw gymint o bellter?

HARRI: Ti ddim yn mynd i fwynhau nghwmni i heno, Lisabeth.

LISABETH: Pam ddim?

HARRI: Lisabeth . . . O'r nefoedd –

LISABETH: Be sy'n bod? Dwed wrtha i.

[Saib anghysurus o lletchwith]

HARRI: Ma' rhaid i ni orffen.

LISABETH: Gorffen?

HARRI: Lisabeth . . . Ddaw hi ddim.

LISABETH: Torri'r *engagement*?

HARRI: Hynny'n union.

[Mae LISABETH yn fud am ennyd hir.]

LISABETH: Harri . . . pam? Mor sydyn . . .

HARRI: Dydi o ddim yn sydyn, Lisabeth. Ti'n gwybod hynny.

LISABETH: O ydi mae o . . . Dy lythyre di . . . doedd na'r un gair . . .

HARRI: Ma'n ddrwg gen i, ond –

LISABETH: Dyna'r cyfan sy gen ti i'w ddweud!

HARRI: Y cyfan.

LISABETH: Ond pryd . . . Pryd peidiest ti ngharu i?

HARRI: Wn i ddim. 'Di o rywfaint o wahanieth?

LISABETH: Ond ar ôl tair blynedd . . . Tair blynedd! Tair blynedd!

HARRI: Paid, Lisabeth . . .

[Mae LISABETH yn ymladd yn galed i roi taw ar ei chrio. Gan oedi rhwng y dagrau, mae'n difrifoli, yn tynnu ei maneg, ac yn tynnu'r fodrwy ddyweddïo oddi ar ei bys.]

LISABETH: Gwell i ti ga'l hon yn ôl.

HARRI: Chymra i mo'ni . . .

LISABETH: O gwnei!

HARRI: Ro'dd hi'n ffitio dy fys di . . . rown i mo'ni i neb arall, siŵr . . .

LISABETH: Chymra inne mo'ni chwaith.

[Mae hi'n lluchio'r fodrwy i ganol y tywyllwch . . . wedyn, gyda'r llif o ddagrau a'r tuchan dirdynnol yn ailafael ynddi, mae hi'n hercian rhedeg draw 'nôl at oleuadau'r car . . . Saif HARRI am ennyd yn edrych yn swp o ddiflastod.]

[Golau i lawr ar HARRI a LISABETH, ac i fyny ar gegin Lleifior. Yno mae KARL a GRETA yn hongian trimins Nadolig, a MARGARET yn gwylio. Cerddoriaeth Nadoligaidd. Cerdda HARRI i mewn i'r gegin.]

MARGARET: 'Ma fo. Welest ti a Lisabeth y machludo?

HARRI: Do, Mam. Do.

MARGARET: Gei di gymryd drosodd wrtha i rŵan 'te. Dwi am fynd i ngwely. I ga'l medru mwynhau pob eiliad o fory . . .

[Aiff GRETA i ddechrau ei helpu.]

MARGARET: Na, Greta. Dwi'n ddigon abal.

GRETA: Ond Ma –

MARGARET: A ma' anufudd-dod 'y mhlant yn fwy o boen na dringo'r hen risie 'na. Dywed ti wrthi, Henri. Nos dawch rŵan . . .

[Aiff MARGARET allan.]

GRETA: Ty'd mlaen 'te. Ma'r celyn a'r uchelwydd yma i'w hongian eto.

[Mae HARRI'n pigo dyrnaid o'r uchelwydd o fag cario.]

HARRI: Lle ddylwn i roi hwn?

GRETA: Uwchben y drws i ddechre . . . a Harri?

HARRI: Be?

GRETA: Ti ddim 'di anghofio'r cusan blynyddol i dy chwaer fach?

HARRI: *[Wrth KARL]* Hen arfer ers oedden ni'n blant bach. Cau dy lygaid eiliad.

KARL: *[Wrth i HARRI roi cusan ysgafn i GRETA]* Bravo!

HARRI: 'Na chdi, clamp o gusan eleni.

KARL: Mi fydde cyment o hogie yn cenfigennu wrthot ti, Harri.

HARRI: O'r gore 'te Karl, fe dy heria i dithe i wneud yr un peth.

KARL: Na...

HARRI: Karl. Gorchymyn.

KARL: Ond...

[KARL yn troi at GRETA.]

GRETA: Os ydi o'n gorchymyn...

[Mae HARRI'n troi ei gefn am funud...]

HARRI: Lle ma'r celyn 'ma...

[Y gusan. Yr eiliad yn ymestyn am ronyn mwy nag y dylai ... Try HARRI'n ôl.]

HARRI: Gest ti dy gusan, Gret?

GRETA: *[yn dal heb adennill ei hanadl yn iawn]* Do.

HARRI: Ma' na fwy o drimins nag erioed. Oes angen y celyn hefyd?

GRETA: Oes siŵr. Nid mond ar gyfer y Nadolig ma' hyn. Ar gyfer y parti hefyd.

HARRI: Pa barti?

GRETA: Parti noson Bocsing. Ches i mo mharti pen-blwydd un ar hugain, gan fod Mam yn 'i gwely, tithe ffwrdd . . . a Karl newydd gael y gosfa drybeilig yna . . .

KARL: Twt. Toeddwn i ddim yn bwysig i'r parti . . .

GRETA: Oeddet, Karl. Fi oedd yn penderfynu pwy oedd yn bwysig i ddathlu mhen-blwydd i. Ac o't ti fod yn rhan o'r dathlu . . .

HARRI: Pwy arall ti wedi wahodd . . .?

GRETA: Mam a Dad, wrth reswm . . . Tom y Garnedd, ac Annie . . . Richard a Beti, ac Elisa Castell Aram . . . ac wrth gwrs dy Lisabeth di a'i brodyr o Trawscoed . . .

HARRI: Ddaw plant y Trawscoed ddim.

GRETA: Wrth gwrs y –

HARRI: Ddaw Llisabeth ddim.

GRETA: Dwi wedi cael cerdyn ganddi, yn derbyn –

HARRI: Wel fydd hi ddim yma.

GRETRA: Pam, neno'r tad?

KARL: Be sy wedi digwydd rhyngoch chi, Harri?

HARRI: Heno.

GRETA: Be, heno?

HARRI: 'Dan ni wedi . . . gorffen. Fwy na'r heb.

GRETA: Y ffŵl! Y ffŵl gwirion â ti! Un o lodesi hardda a gore'r sir 'ma –

HARRI: Ond nid yr un iawn i mi, Greta . . . Dwi mond yn dilyn fy nghalon . . .

GRETA: Dydi bywyd ddim mor syml â jest 'dilyn dy galon'! Pam ddylet ti fod yn wahanol, uwchlaw pob rheol? Mi wnei di bethe fyny efo hi, cyn y parti . . .

HARRI: Ma' hi wedi tynnu'r fodrwy. Roith yr un dewin honno 'nôl ar 'i bys hi rŵan.

KARL: Ma' hi wedi dy wrthod di?

HARRI: Ddim yn union. Ond ma' hi wedi taflu'r fodrwy. Yn llythrennol. Dros y clawdd i ganol y twllwch. A fan'ny rwle ma'r berthynas hefyd ar y funud.

GRETA: O'r cythrel dwl!

[Golau i lawr ar yr aelwyd . . . ac i fyny ar fore oerllyd, allan ar fuarth y fferm.]

ROBERT: Lle ma' Harri?

EDWARD: Sut ydech chi, Robert Pugh?

ROBERT: Hidiwch chi befo sut ydw i. Be ddeudwch chi, Edward Vaughan, ydi hon?

[Mae'n dal modrwy gerbron wyneb EDWARD.]

EDWARD: Fe ddeudwn i, Robert Pugh, mai modrwy ydi hi.

ROBERT: Mi fues i am deirawr bore 'ma, gynted o'dd hi wedi gwawrio, efo'r ddau hogyn acw, yn cribino'r caea' am hon. Tri ohonon ni, am dair awr!

EDWARD: Rhaid bod chwilio modrwyon yn job proffidiol, os buo tri ffarmwr yn treulio bore cyfan yn gneud hynny . . .

ROBERT: Mi fydd hon yn broffidiol, bydd. Fel tystiolaeth mewn achos brîtsh o' promis. Yn werth tipyn o bres i ni yn Trawscoed.

EDWARD: Ara deg rŵan, Robert. Be ddigwyddodd? Tydw i ddim wedi gweld Henri bore 'ma. Na neithiwr . . .

ROBERT: Neithiwr. Fe dorrodd Harri gyfamod efo Lisabeth 'cw. Cyfamod, o'dd wedi sefyll am dair blynedd. A'i dorri o fel'na! *[clic ar ei fysedd]* A ma' hon yn dystioleth. Fel ma'r dega o lythyre adre 'cw, llythyre ma' Lisabeth fach wedi 'u cadw, yn sôn am gariad, ac *engagement*, a phriodas . . . A thŷ, a phlant, a bywyd braf efo'i gilydd . . . fe'u darllenes i nhw i gyd fy hun neithiwr, tra o'dd Lisabeth yn wylo fel gogor mewn glaw! A rŵan, gwared teg ar 'i hol hi, ie? A'u dyfodol nhw. Sgolor? Dyn bonheddig? I gythrel! 'Dach chi'n ownio ffasiwn gachgi o fab, deudwch?

EDWARD: 'I ownio fo tra bydda i byw Robert Pugh. Be 'dach chi'n ddisgwl i mi neud, ddyn? Dydy'ch bygythiade chi am brîtsh o' promis ddim yn mynd i newid hynny.

ROBERT: Mi ydw i'n ffarmwr mawr fel chitha. Yn uchel 'y mharch yn yr ardal 'ma. Rŵan ma' pobl yn mynd i ddeud 'dydi merch Trawscoed ddim digon da i etifedd Lleifior'. 'Dydi brîd Trawscoed ddim fyny i'r marc.' Ydw i a'r fferm yn mynd i ddiodde cael 'yn insyltio fel'na ar dafode'r ardal 'ma?

EDWARD: 'Dach chi'n gneud mynydd o'r peth rŵan . . .

ROBERT: Mynydd? A be naethoch chi o fusnes Doctor Rushmere yn rhoi'r gore i Greta chi? Swp y wa'dd o'dd peth felly i chi? Choelia i fawr. Ma'r pethe 'ma'n brifo dyn, yn brifo teulu. A ma' gen inne hawl i recompens. Recompens ariannol, drw'r llyso'dd barn os bydd raid. Naill ai hynny, neu 'dach chi'n mynd i gael perswâd ar y mwlsyn mab yna. Chaiff o 'rioed well gwraig na Lisabeth ni. Byth bythoedd. Ond os mynnith o 'yn snybio ni, wel, edifar fydd o. Cofiwch chi fod gen i ngolygon o hyd ar Dyddyn Argain a'r tiroedd o'i gylch o. Ac mi fynna i hynny fel *settlement* – hynny ne' swm sylweddol drw' gyfreth. A fyddwch chithe'n edifar y cythgam wedyn, yn byddwch? Pnawn da, Edward Vaughan.

[Golau i lawr ar y ddau, wrth i EDWARD groesi at MARGARET a GRETA, tra bo ROBERT yn croesi at LISABETH ac ELEANOR.]

[Rhwng y ddwy garfan, a'r ddau deulu, saif HARRI. Mae e'n rhoi llyfrau a phapurau mewn siwtces.]

HARRI: Fe bylodd coch a gwyrdd y celyn yn go sydyn. Chynigiodd neb arall gusan dan yr uchelwydd . . . To'dd 'na ddim blas ar y cinio Nadolig chwaith.

[Saif MARGARET fel petai wrth ddrws y gegin. Bore Nadolig yw hi.]

MARGARET: Greta, ddoi di i droi'r wydd? Tydw i'm yn teimlo'n rhy dda bore 'ma.

[Try GRETA i syllu ar HARRI.]

HARRI: Ydi hi'n gwbod? 'Di Nhad wedi dweud wrthi?

GRETA: Na, ddim eto. Ond pam na wnei di? Dros y cinio rŵan. Ti wedi gneud popeth arall fedri di i sbwylio'n Nadolig ni.

[Aiff GRETA at ei mam.]

HARRI: A chyda'r post cynta wedi'r Dolig, fe ddoth llythyr wedi'i gyfeirio at Mam.

[Mae ELEANOR yn adrodd cynnwys llythyr sy nawr yn nwylo MARGARET.]

ELEANOR: Trawscoed, Llanaerwen, Henberth. Rhagfyr 24, 1949.
Annwyl Mrs Vaughan,
Rhag ofn nad yw'ch teulu wedi dwedyd wrthych, echnos fe dorrodd eich Henri ei *engagement* gydag ein Elizabeth ninnau. Mae yr eneth mewn cyflwr drwg iawn ac rydym yn ofnadwy o bryderus am ei iechyd. Yr ydym yn mynd i roid y peth yn llaw ein twrnai a gobeithio fod gennych gywilydd eich bod wedi magu y fath fachgen. Os mai dyna mae coleg a magwraeth Lleifior yn rhoddi iddo mae yn hen bryd cau pob coleg i gyd ac i Llanaerwen gyfan wybod am sut blant rydych wedi eu magu. Os digwydd unrhyw beth i ein Elizabeth fach fe fyddwn yn eich dal chi fel teulu yn gyfrifol.
Yr eiddoch, Eleanor Pugh.

HARRI: Ac wrth gwrs fuo 'na ddim parti diwrnod Bocsing nac unrhyw ddathliad blwyddyn newydd chwaith. Finne'n teimlo fel y dihiryn mwya ym Mhowys, a bron yn sâl eisie brysio 'nôl i Fangor, er mwyn gadel i'r dyfroedd dawelu o'r tu ôl i mi yn Lleifior... Ond ro'dd chydig mwy o gorddi'r dŵr o 'mlaen i cyn i mi fedru dianc...

[Ry'n ni nawr yn stafell wely Harri.]

EDWARD: Pacio dy gesus. Siŵr dy fod ti ar bige i fynd 'nôl yna at y rhialtwch.

HARRI: Dwi di blino ar greu ffasiwn frifo i chi i gyd. A dwn i ddim sut ma' gneud iawn...

EDWARD: Ma' 'na un llyfr arall i'w bacio gen ti.

[Mae'n estyn cyfrol drwchus at HARRI.]

EDWARD: Dy ffenest di oedd yn clepian bore 'ma. Weles i hwn wrth dy wely di. Ddechreues i ddarllen. Mi ges i sioc.

HARRI: Neno'r annwyl. Ma' gan ddyn yn 'i oed a'i amser hawl i ddarllen be fynn o. Ac ma' hynny'n beth preifet...

EDWARD: Yr unig bethe sy'n breifet ydi'r pethe ma' gan ddyn gywilydd ohonyn nhw.

HARRI: Does gen i ddim cywilydd o gwbwl mod i'n darllen Lenin –

EDWARD: Pam tybed?

HARRI: Am ma' Lenin oedd dyn mwya'r ganrif yma –

EDWRAD: Ti'n siarad yn union fel comiwnydd. Fyddi di'n deud nesa ma' cyfalafwr ydw i.

HARRI: Wel, dyna ydech chi.

EDWARD: Be? Wyt ti'n 'y nghondemnio i?

HARRI: Ydw.

EDWARD: Wyt ti'n 'y nghondemnio i am gasglu'r pres sy wedi rhoi dy ysgolion preifet a dy goleg i ti, a phob cysur wyt ti wedi cael yn dy fywyd?

HARRI: Ydw.

EDWARD: Wel Duw faddeuo i ti, Henri . . . Duw faddeuo i ti . . . Duw faddeuo . . .

[Yn sydyn mae EDWARD yn troi 'nôl i'w wynebu, yn fwy tanllyd nawr.]

EDWARD: Dynnest ti ddigon o gablu ar fy enw i pan o't ti'n wrthwynebwr cydwybodol adeg y rhyfel. Ond rŵan, efo'r gred ddieflig yma, fe wnei di f'enw i'n yfflon. Comiwnist? Finne'n Gynghorydd Sir efo'r Librals. Fydd 'na watwar mawr yng nghyfarfodydd y Cyngor, 'yn bydd? Ac etholiad mhen chydig fisoedd . . .

HARRI: Peidiwch ypsetio'ch hun dros enw plaid, neu –

EDWARD: Ypsetio! Ac nid dim ond enw plaid. Wyddost ti faint 'di ngwerth i?

HARRI: Be sgen hynny i neud efo –

EDWARD: Er mwyn i ti weld maint y llanast fedret ti greu, taset ti'n ymwrthod â hyn i gyd. Rhwng popeth – Lleifior, a Tyddyn Argain, a'r ddwy fferm arall sy gynnon ni ym Meirionydd, a'r siars sy gen i mewn *War Stocks* a *Defence Bonds*, rydw i'n werth rwle o gwmpas deugain mil! Yn ôl f'ewyllys i, fe fydd y rhan ore o hynny yn pasio mlaen i ti. Mhen deng mlynedd, mhen blwyddyn . . . pwy ŵyr . . . fe elli di fod yn werth pum mil ar hugain ne' fwy. Hynny yw, fe fyddi di'n gyfalafwr. Ac yn ôl safone Cymru, yn gyfalafwr go fawr. Rŵan, pa un ydi'r dynfa gryfa, Henri – Lenin, 'ta pum mil ar hugen o bunne?

HARRI; Nhad – os daw'r chwyldro rydan ni'n 'i erfyn, fydd yna ddim dewis. Fydd comiwnyddieth yn lledu trw' Bryden hefyd. A fydd y deugain mil yna ddim yn eiddo i Lleifior i ddadle'n 'u cylch.

EDWARD: Hy! Mhen can mlynedd falle! Ond yn fy oes i – a dy oes di? Be wnei di â phum mil ar hugen o bunne?

HARRI: 'Dan ni wedi cynhyrfu gormod i siarad rŵan –

EDWARD: Be wnei di â 'mhres i? Os bygythi di roi o yng nghoffre'r blaid 'na, fydde well mi adel y cwbwl i Greta . . . a dim ffardding i tithe!

HARRI: Fedrwn i'm cadw pres Lleifior.

EDWARD: Na?

HARRI: Na.

EDWARD: O'r gore. Ti wedi ateb 'y nghwestiwn i. 'Dan ni'n deall 'yn gilydd rŵan, yntydan, Henri . . .

[Mae EDWARD yn lluchio'r llyfr ato yn ddiseremoni, yn troi ar ei sawdl, ac yn cerdded allan o'i stafell.]

GOLYGFA CHWECH

[Golau i fyny ar stafell yn Undeb y Myfyrwyr yng ngholeg Bangor.]

[Mae GWDIG, yng nghwmni EIRLYS ac AVRIL a llanc o GYMRO arall yn rhuo canu rhyw gan golegol Gymraeg o'r cyfnod.]

[Ar eu traws mae dau LANC ARALL yn dechrau canu cân Seisnig neu Americanaidd, fel pe'n cystadlu. Wrth i'r ddau grŵp fynd yn fwy croch, mae UN O'R SAESON a GWDIG yn sefyll ar ben dau fwrdd i floeddio canu ar ei gilydd.]

[Saif HARRI a GWYLAN yn gwylio hyn. Mae GWYLAN yn mosiynnu cuddio'i chlustiau, ond mae HARRI yn gwgu, wedi dechrau cynhyrfu . . .]

[Mae DYNES WEINI y caffe Undeb yn gweiddi ar y myfyrwyr wrth groesi draw atynt.]

DYNES: Be goblyn ma' nhw'n roid yn y coffi 'na, deudwch? *[Yn gweiddi nerth ei llais]* Stopiwch, wir Dduw!

SAIS: *Oh, stop your jawing!*

DYNES: Lawr o ben y byrdde 'na rŵan . . .!

[Mae'r DDAU SAIS yn taflu darnau o frechdane neu gacenne tuag ati.]

SAIS: *Shut up you old ninny!*

DYNES: Bihafiwch – y *delinquents*!

GWDIG: Canwch yn iaith y wlad yma, ne' caewch 'ych cege . . .

[Mae GWDIG yn bwrw ati gyda chân arall, gydag EIRLYS ac AVRIL yn ymuno. Dechreua'r ddau SAIS ar gân arall, mewn cystadleuaeth. Maen nhw hefyd yn pledu taflenni Undeb at ei gilydd wrth ganu.]

DYNES: 'Dach chi ddim ffit i fod 'ma . . . Cwilydd arnoch chi.

HARRI: Stopiwch! *[Yn camu draw atynt, yn fygythiol bron]* 'Dach chi'n codi cwilydd arna i! Tithe hefyd Gwdig.

GWYLAN: Harri . . .

HARRI: Gweithwraig gyffredin ydi honna. Sy'n gneud mwy o waith gonest newn un diwrnod nag ydach chi'n 'i neud mewn tymor!

GWDIG: Harri, bach o hwyl, 'na gyd.

HARRI: *[Gan symud i ffwrdd i ddwrdio'r lleill]* Chi sy fel plant. Ac yn gwatwar a bwlio dynes sy'n gorfod slafio fel morwyn fach i chi yn y bali coleg 'ma.

GWYLAN: Be sy'n 'i gorddi o, dŵad?

GWDIG: Ti ddim wedi siarad ag e ers ni ddod 'nôl?

GWYLAN: Weles i mono fo neithiwr. O'n i draw yn Lerpwl. Pam?

GWDIG: 'I fam e wedi ca'l pwl arall, jest cyn iddo fe ddod 'nôl 'ma. Ma' hi'n disgwl trinieth mewn sbyty yn Lerpwl. A'th hi miwn echddo . . . Hynny a chant a mil o brobleme erill gatre . . .

[Y ddau'n symud draw tuag at HARRI.]

GWDIG: 'Na ti. Ti wedi tawelu'r sbort. Hapus nawr?

HARRI: Ma'n ddrwg gen i Gwdig . . . Wel, na, tydi hi ddim yn ddrwg gen i. Chi ddyle ymddiheuro. Nid fi.

GWDIG: Ma' da ti lawer ar dy feddwl, wy'n diall 'ny Harri. Ddechreues i weud wrth Gwylan nawr bo pethe ddim cystal â dylen nhw fod gatre gyda ti –

HARRI: Gwranda, Gwdig. Ma' pethe'n waeth na hynny hyd 'noed.

GWYLAN: Be sy?

HARRI: Ma' 'nhad wedi nhorri i allan o'i wyllys. Tydw i ddim bellach yn etifedd Lleifior. Nid fod hynny'n loes mawr i mi. *[Wrth GWYLAN]* Ac mi fyddi dithe'n reit browd o'r safiad wnes i. Ond mae hyn yn bygwth chwalu'r teulu . . . torri 'nhad hefyd . . .

GWDIG: Harri bach. Ti'n gall, gwed? Ma' rhaid bo ti wedi neud rwbeth hollol erchyll i . . .

HARRI: *[Wrth GWYLAN eto]* Ddeudes i wrtho fo mod i'n gomiwnydd. Ac yn glynu wrth hynny. Roedd y ddadl bownd o ddigwydd, yntoedd?

GWYLAN: Oedd . . .

HARRI: Ond mi ddoth reit wrth gynffon pob math o gwerylon erill, a Nadolig dirdynnol o annifyr . . . O leia dwi wedi sefyll fyny dros yr hyn dwi'n gredu bellach. Be ddeudi di, Gwylan?

GWYLAN: Wn i ddim be'n union i . . . Ma' isio i ni siarad, Harri . . . Gwranda . . . Dwi'n hwyr fel ma' hi, i gyfarfod o gangen y coleg o'r Parti. Ond gynted bydd hwnnw drosodd . . . Ti a fi . . . ddiflannwn ni o 'na.

HARRI: Ie, iawn.

GWYLAN: A dwi am i ti glywed be sy gen i ddweud wrth 'y nghyd-aeloda hefyd. Ddoi di draw? Fydda i'n siarad reit ar ddechra'r cyfarfod. Addo?

[HARRI yn nodio. Gyda hanner gwên nerfus, mae GWYLAN yn eu gadael.]

GWDIG: Bachan, bachan. A paid gwgu arno i fel'na. Y Saeson sy â'r agwedd fwya haerllug t'weld . . .

HARRI: Saeson, Cymry . . . Torïed, Pleidwyr . . . 'dach chi gyd yn 'ych hawddfyd, yn chware bridj, ne'n ffalsio canu a throi popeth yn jôc. Paldaruo am hawlio bywyd gwell . . . tithe'n sôn am dy werin . . . do's gan hanner rhain ddim fwy o syniad am y werin go iawn nag sy gan bysgodyn am eithin y mynydd!

GWDIG: Wy'n un o'r werin, gwboi. Mab ffarm . . .

HARRI: Ti'n aelod o blaid sy'n glwm wrth barchusrwydd, a chyfaddawd. Dyna felltith Gwynfor Evans. Haint y dosbarth canol Cymreig, a'r hyn sy'n 'ych rhwystro chi rhag herio'r system sy ohoni.

GWDIG: Paid ti â dannod hynny i fi. Tithe'n fwy fyth o ran o'r system. Walle bod ti wedi cwmpo ma's â dy dad – am y tro – ond fe adewi di fan hyn yn Henri Vaughan M.A., a phob drws yn agor led y pen ar dy gyfer di . . .

HARRI: Na. Dwn i ddim pam trafferthes i ddod 'nôl 'ma tymor hyn. Nid i gael yr M.A. bondigrybwyll yna. I gythrel â'r cwbwl... fase llawer gwell gen i fod yn labrwr na bod yn sgolor...

[Cerdda HARRI oddi wrtho, yn dal mewn tymer.]

GWDIG: Labrwr! O, bachan, bachan...

[HARRI'n croesi at ofod arall, lle mae'r golau'n codi ar gornel stafell gefn mewn bar, a bwrdd a chadair. Yno saif GWYLAN.]

JIMMY: *It might be the start of a new term – but here's one familiar face that's always welcome. We'll kick off with a few words from comrade Gwylan Thomas.*

GWYLAN: *Friends...*

JIMMY: *Hey – comrades. What's all this friends malarkey, eh?*

GWYLAN: *Friends. You expect me to give a talk this evening. Instead, I'm going to make an announcement. One I've thought long and hard about. One that's been given more urgency by a conversation I've had earlier this evening...*

[Mae hi'n syllu am ennyd ar HARRI, ac yn oedi...]

JIMMY: *What's up girl?*

GWYLAN: *You will probably never forgive me for what I'm about to say. Since I came to Bangor, I've led you to believe that I was an ardent worker for the people, and for the cause of Socialism...*

JIMMY: *What the hell are you trying to say?*

GWYLAN: *I'm not relinquishing that dream, of equality, of change... But there are other ways of achieving change, there are also other dreams...*

[Ennyd]

GWYLAN: *I'll explain my change of view more fully to you all, and soon. But for tonight . . . All I have to tell you tonight, with bitter regret, is . . . is that . . . [Ennyd faith, yna]* – *I am renouncing communism and its methods. All I can say is . . . how sorry I am. That's all . . . there is to say . . .*

[*Mudandod syfrdan . . . wedi oedi am eiliad, symuda GWYLAN yn sydyn oddi wrth y bwrdd, a symud yn gyflym, gan gerdded heibio HARRI . . .*]

GWYLAN: Tyrd Harri . . .

HARRI: Dwi'm yn –

GWYLAN: Rŵan!

[*Mae hi'n rhuthro allan, a HARRI ar ei hôl . . . mae'r cerddediad brysiog yn troi'n hanner rhedeg . . . Mae hi'n gafael yn ei fraich ac yn ei lusgo gan frasgerdded, hanner rhedeg nes eu bod wedi symud oddi wrth y golau . . . maent yn ein tywys i leoliad gwahanol, i fan cysgodol allan yn y nos. Bellach hi sy'n arwain, a HARRI sbel o'r tu ôl iddi.*]

GWYLAN: Brysia! I be stopist ti i ffonio rŵan?

HARRI: Yr ysbyty, yn Lerpwl. Ma' Mam ar fin derbyn 'i thriniaeth, yntydi?

GWYLAN: Be ddwedon nhw.

HARRI: Dweud wrtha i ffonio 'nôl mhen dwy neu dair awr.

GWYLAN: Tyrd mlaen 'ta. *[Allan o wynt, mae hi'n cyrraedd y man cysgodol mae hi'n ei geisio.]* 'Ma ni . . . Harri?

[*Mae HARRI'n edrych o'i gwmpas yn gymysglyd, ac yn tynnu 'nôl . . .*]

GWYLAN: Ma' cymaint ar dy feddwl di on'd oes? Fydd popeth yn iawn, gei di weld, Harri . . .

HARRI: Tydw i'm yn dallt . . .

GWYLAN: O, Harri, Harri . . . Ma' hi'n gymint o ryddhad, rŵan mod i wedi gneud fy mhenderfyniad . . . Tyrd i gysgod y coed fan'ma . . . Rŵan ti'n gwbod pam o'n i isio i ti glywed beth oedd gen i ddweud wrthyn nhw.

HARRI: Ond pam ddwedest ti'r pethe 'na?

GWYLAN: Ti ddim yn gwybod?

HARRI: Na.

GWYLAN: Ti yn. Paid â mhryfocio i.

HARRI: Ti'n credu medra i ddarllen dy feddwl di neu be?

GWYLAN: *[Yn nodio]* . . . a mod inne'n medru darllen dy feddwl di.

HARRI: O, wel, rhag ofn na fedrwn ni'n dau wneud hynny wedi'r cwbwl, er mwyn dyn – dwed pam wnest ti ffasiwn beth yn y cyfarfod 'na rŵan.

GWYLAN: O'n i ddim isio neud mwy o gam â ti. Ddim isio i ti neud mwy o ddrwg i dy sefyllfa.

HARRI: Dwi'n dallt llai fyth rŵan. Ti wedi gwneud ffafr fawr â mi Gwylan. Agor fy llyged i.

GWYLAN: Dwi wedi bod yn gomiwnydd am dair blynedd tan rŵan. Siarad am chwyldro, am aberth . . . hynny'n dod yn rhwydd iawn i mi. Oedd 'y nghredo i'n costio dim byd i fi.

HARRI: Ti oedd yn dweud bod ti'n osgoi mynd i berthynas efo neb, er mwyn bod yn driw i dy waith. Ro'dd hynny'n costio, mwn?

GWYLAN: Tybed? Aberthes i ddim byd gwirioneddol fawr erioed. Ond wedyn, ddest ti i mywyd i, ac o'n i'n dy weld ti'n llyncu'n nadleuon i, yn newid dy fywyd a dy ddaliada, a hynny ar gost enfawr. Yn aberthu!

HARRI: Ond dyna o'dd yn iawn Gwylan. Pam lai felly?

GWYLAN: A dros y Nadolig, wrth feddwl am y diflastod o't ti'n ddiodda, yn diodda er 'yn mwyn i . . . Feddylies i bod rhaid i ni fod yn driw i ni'n hunain, ti a fi, nid i ryw grwsâd gwleidyddol ffasiynol.

HARRI: Gwylan –

GWYLAN: Y gwir ydi, Harri, mod i wedi dŵad i sylweddoli . . . dy fod ti'n cyfri mwy i mi nag unrhyw ddogma. Ro'n i am dy roi di yn gynta.

HARRI: Be – gneud hyn i arbed mwy o loes i mi? I mhlesio i . . .

GWYLAN: Gadel i ti'n arwain i am newid. Gadel i ni benderfynu lle oeddan ni am fynd, heb huala plaid nac athrawiaeth.

HARRI: Ond Gwylan, dwi *yn* gomiwnydd.

GWYLAN: I mhlesio i. Am dymor, am gwta chwe mis . . .

HARRI: Na! O'r diwedd ma' gen i gred, ar ôl blynyddoedd o ogordroi, o fod yn anfoddog 'y myd. O'r diwedd dwi'n hollol sicr o ble dwi'n sefyll.

GWYLAN: Etifedd fferm wyt ti. A'n fwy peniog na bron neb arall yn y coleg 'ma. Ma' gen ti gymint o dy blaid di – addysg, a thylwyth, a lle mewn cymdeithas. Fedrwn i addasu i fod yn rhan o dy fyd di.

HARRI: Bron nag wyt ti fel taet ti'n chwerthin am 'y mhen i, Gwylan. Ac am ben y gwewyr dwi wedi bod drwyddo fo am chwe mis rŵan. A hyn rŵan ar ôl i mi fforffedio fy holl etifeddieth.

GWYLAN: Gei di bopeth 'nôl, Harri. Faddeuith dy dad i ti. Dyna natur tad. A 'nei di les efo'i gyfoeth o. Ma' gen ti galon dda, cydwybod cry. Fedri di gadw dy dreftadeth a chadw dy egwyddorion gore . . .

HARRI: Fi – a chdi efo fi?

GWYLAN: Ti . . . a dy wraig . . . os, ne' pan, briodi di . . .

HARRI: Ma'r chware geme yma'n dechre troi arna i. Dwi eisoes wedi rhoi'r gore i un gariad. Torri'i chalon hi hefyd . . .

[Erbyn hyn mae hi'n gafael ynddo, yn amlwg nwydus]

GWYLAN: Briodwn i ti, Harri . . .

HARRI: Briodet ti fi . . .?

GWYLAN: Taset ti mond yn gofyn.

[Mae GWYLAN nawr wedi ymgordeddu'n glosiach amdano, ac yn gorfodi cusan arno.]

GWYLAN: Dyma be 'dan ni isio Harri . . .

[Mae HARRI'n ei gwthio ffwrdd.]

HARRI: Ti wedi clirio'r ffordd i dy hun yn gampus . . .

GWYLAN: Ddaw dim Sofiet i Brydain . . . ddim am ddegawda . . . Ond fe all pobol fel ti a fi ddal i neud y wlad ma'n well lle . . . Ond nid trw' aberthu dyfodol cyfan. Fedrwn ni neud ffasiwn gymint efo'n gilydd, Harri . . .

HARRI: Rŵan dwi'n dallt. Rŵan dwi'n dallt.

GWYLAN: A rŵan sdim rhaid i ti a fi ymatal . . . 'Dan ni wedi bod yn ysu ers i ni gyfarfod bron . . . am hyn.

HARRI: Ti ddim yr un ferch rŵan Gwylan . . .

GWYLAN: Dal 'nôl rhag cusanu . . . ofni meddwl am garu fel hyn . . . Ond ddim rŵan Harri . . .

[Mae GWYLAN yn ymrafael ag ef eto . . . Yn gwasgu ei hun yn boeth yn ei erbyn. Nid yw HARRI'n ymladd 'nôl am funud, ac mae'n gadael iddi hi ei dynnu i'r llawr a dechrau ei gusanu eto.]

HARRI: Paid â gneud ffŵl o dy hun . . . Gwranda . . .

GWYLAN: Dwi wedi'n rhyddhau ni . . .

HARRI: Na . . .

GWYLAN: I neud fel 'dan ni isio.

[Mae ef yn dechrau codi, ond hithau'n gwrthod ildio.]

GWYLAN: Rŵan Harri. Fan yma, rŵan . . .

[Ond mae HARRI ar ei draed yn sydyn ac yn rhoi hergwd egniol i'w gwthio yn ôl, nes ei bod yn syrthio yn afrosgo ar lawr.]

HARRI: Dy edmygu di o'n i, Gwylan. Dy garu di a dy syniade . . . ond nid blysio amdanat ti. Ddim ar ôl yr wythnose cynta 'na beth bynnag. Ond pan does dim byd ar ôl i'w edmygu . . . does, wel . . . dim byd ar ôl o gwbwl. Jest, dim. Ti'n dallt?

[Maent yn syllu ar ei gilydd, yn gaeth i'w loes eu hunain. Mae ef yn troi oddi wrthi ac yn rhedeg . . . Mae hi'n dal yno, ar ei gliniau, yn dechrau llefain fel anifail clwyfedig . . .]

GWYLAN: Harri . . . Na! Harri . . . Harri . . . !

[Golau lawr ar GWYLAN yn siglo crio.]

GOLYGFA SAITH

[Mae ROBERT PUGH a WIL JAMES ar stryd yn y pentre.]

ROBERT: Gen ti a fi eitha tipyn yn gyffredin, Wil James.

WIL: Eh?

ROBERT: Bod gynnon ni'n dau reswm i ddal dig. Isio dial. Ar Vaughan Lleifior.

WIL: Ond dydw i ddim mewn sefyllfa i neud dim byd. Pryfetach 'di pobl fel fi, dan wadn esgid rhyw feistr ne'i gilydd drw'r adeg.

ROBERT: Ma' gwahaniaeth rhwng meistr a meistr, wel'di. Sut leiciet ti weithio ar dir Trawscoed? Mi fase'n dda cael hen ben fath â ti ar y fferm 'cw.

WIL: Wel . . . dwn i ddim wir.

ROBERT: A mis o bae yn dy boced cyn cychwyn. Fel ernes o ewyllys da.

WIL: Pam mor glên efo fi, Robert Pugh? Be fedra i gynnig i chi?

ROBERT: Ti'n gwbod fod yr etholiade sir ar ddigwydd mis Mai 'ma. Fe fydd Aerwen a Henberth yn ethol cynghorydd eto . . .

WIL: Edward Vaughan sy wedi cynrychioli fan'ma, ers cyn cof. Ar ran y Librals. Does na'm sôn fod unrhyw un yn sefyll yn 'i erbyn o chwaith.

ROBERT: Rhaid i ni neud yn siŵr fod 'ne ymgeisydd.

WIL: Dewcs. 'Dach chi'n sbio arna i? 'Di narllen a'n sgrifennu i ddim yn rhyw sbesial, a ches i ddim –

ROBERT: Nid y ti, Wil. Ond fedret ti a fi, rhyngon ni, helpu ethol rhywun arall. Sgen ti eiliad i siarad rhagor? Yn y Crown, uwchben peint ne ddau . . .?

[Mae ROBERT yn arwain a WIL yn ei ddilyn . . .]

[Golau i fyny ar ran o siop drepar AERWENNYDD FRANCIS. Yno mae'r dyn ifanc trwsiadus yn trafod rhyw fusnes gyda merch ifanc ugain oed, MARGED MORRIS.]

AERWENNYDD: Erchyll o beth ydi marwolaeth, Marged fach. *It comes to us all, but when a loved one is taken away* . . .

[Mae'r ffôn cownter yn canu.]

AERWENNYDD*: J. Aerwennydd Francis, General Draper and Outfitter . . . Speaking?* . . . O, fydd yn barodd dydd Mawrth, fan pella, bydd . . . Ie, yr *oriental print* . . . Ie . . . *Right you are.* Bei bei.

[Ennyd]

AERWENNYDD: Ie, rŵan 'te Marged . . . 'Ych tad druan. Neithiwr, meddech chi . . .

MARGED: Yn y nos. Ffeindies i o bore 'ma . . .

AERWENNYDD: Wedi pasio mlaen, ie . . .

MARGED: Ac ar ôl dweud wrth Doctor Owen . . . ac fe alwodd ynte . . . seinio *certificate* a gneud be oedd eisie . . . a rŵan, wel chi ydi'r un nesa . . .

AERWENNYDD: *Quite, quite.* Ac fe alwa i draw, o fewn yr awr, Marged. Ac fe awn ni dros y trefniade i gyd. Ellwch chi adael popeth mewn *safe pair of hands* wedyn, yntê . . .

[Daw ROBERT PUGH i mewn a WIL JAMES yn ei ddilyn.]

ROBERT: Marged Morris. Newydd glywed. Ddrwg calon gen i.

WIL: Ie. Finne hefyd. Ddrwg iawn. Hogie'r Crown i gyd yn drist iawn o weld colli'r hen John.

MARGED: Diolch . . . Well mi fynd 'nôl 'ne, a –

AERWENNYDD: O fewn yr awr Marged. Cyn hynny os galla i.

MARGED: Diolch.

ROBERT: A'r cynhebrwng, Marged fach. Fydda i yno wrth gwrs. A'r teulu cyfan, i dalu'r deyrnged ola. Ac unrhyw beth alla i neud i helpu yn y cyfamser . . .

MARGED: Thenciw, Mr Pugh. Thenciw.

[Â MARGED allan.]

ROBERT: Amser prysur y diain, Aerwennydd. Gaea gerwin fel'ma. Brathu'n ddwfn efo'r hen bobl.

WIL: Pedwar ne' bump wedi mynd ers Nadolig, 'toes. Mynd lawr fel sgitls, 'tydan?

AERWENNYDD: A reit ynghanol y *January Sales* hefyd. Dipyn o fwrn ydi dwy alwedigeth ar amser fel hyn. Beth alla i neud i chi'ch dau?

ROBERT: Y lecsiwn, Aerwennydd. 'Dach chi'n sefyll tro yma eto, gobeithio?

AERWENNYDD: Ges i ddrybing tro dwetha. *Why volunteer for more of the same this time?* A dwi'n weddol siŵr na nethoch chithe bleidleisio i fi chwaith, Robert Pugh. Felly pam holi?

93

ROBERT: Wel, na, bleidleisies i rioed i *Labour* yn y gorffennol, ond tro nesa 'ma, mi wna i. Yn enwedig os mai chi fydd y candidêt, Aerwennydd.

AERWENNYDD: O? Beth bynnag, fydde dal ddim gobaith gen i.

ROBERT: O bydde. Gyda phleidlais y gweithwyr lleol i gyd . . .

WIL JAMES: Fyddwn ni mor solet ag erioed . . .

AERWENNYDD: Dydi hynny byth yn ddigon yn Aerwen a Henberth . . .

ROBERT: Ond tro yma, fydde cythgam o lot o ffermwrs yn cefnogi hefyd. Ac os bydde nhw, 'u gweision a'u tenantied hefyd . . .

AERWENNYDD: Mochyn sy'n hedfan fan'cw dros war Moel yr Afr, dwedwch?

ROBERT: Ma' nhw'n mynd i droi yn erbyn Edward Vaughan fel un gŵr. Garantîd.

WIL: Mi dwi'n mynd i rannu ychydig o gyfrinache. Am be oedd yr hen snob sbeitlyd yn ddweud am 'i gyd-ffermwyr. Fyddan nhw'n . . .

ROBERT: Poeri tân . . . Dwi'n mynd i' gwadd nhw draw i'r Trawscoed 'cw, am ryw swper Gŵyl Ddewi, ne ryw *occasion* felly. A rhoi cwrw a whisgi yn 'u bolie nhw, wedyn fydd Wil yn dweud gair o brofiad fel cyn was Lleifior . . .

[Mae WIL yn sgwario fel pe i siarad â byrddaid dychmygol o ffermwyr . . .]

WIL: Y pethe ro'dd Edward Vaughan yn 'u dweud amdanoch chi . . . Rydech chi, Robert Hughes, yn llwgu'ch creaduried. 'Ych bod chi, Hugh Williams, yn yfed fel pysgodyn. A chithe, Richard Jones, yn gneud mwy o droeon sâl efo'ch cymdogion nag y medre neb 'u cyfri. A'ch bod chi mor beryg â gwiber mewn tas ar ddiwrnod poeth . . .

ROBERT: Ac felly ymlaen, Aerwennydd. Fydd y fôts yn disgyn i'ch ffedog chi ddyn, fel conffeti.

AERWENNYDD: Ffermwyr yn fotio i *Labour*? A'u teuluodd, a'u tenantied . . .

ROBERT: Bob wan jac. Garantîd . . .

AERWENNYDD: *Well, I'll be blowed* . . .

[Mae ROBERT PUGH a WIL JAMES yn disgwyl am eu hateb . . . ac AERWENNYDD yn sydyn yn dechrau ystyried o ddifri . . .]

[Golau i lawr . . . Golau i fyny y tu allan i ffermdy Lleifior.]

[Mae PAUL RUSHMERE yn gwthio MARGARET, sydd â blanced dros ei chol, mewn cadair olwyn at y tŷ.]

MARGARET: *There were days when I never thought I'd see this old place again.*

EDWARD: Diolch i'r drefn, 'dach chi 'nôl adre rŵan, cariad.

MARGARET: Nid diolch i'r drefn, ond diolch i'r dewin ifanc yma. *I owe my life to you Paul. I've no idea how I'm going to repay you.*

PAUL: *Seeing you cross this threshold, and on the mend, is reward enough for me.*

EDWARD: *We'll repay you in the best possible way we can. Won't we, Greta?*

GRETA: *Of course.*

PAUL: *I'll take Margaret in, and settle her upstairs.*

GRETA: *I'll follow you up now, Paul.*

[Aiff PAUL a MARGARET i'r tŷ.]

EDWARD: O'n i'n gweld fod Karl wrthi'n pacio'i bethe.

GRETA: Ges i sgwrs efo fo ddoe. Dyna pam mae o'n mynd.

[Ennyd. EDWARD fel pe bai'n ansicr o sut i ymateb am unwaith.]

EDWARD: 'Di o'n gwybod, felly?

GRETA: Gwybod be?

EDWARD: Fod Paul wedi gofyn i ti briodi o.

[Mae GRETA yn nodio.]

EDWARD: Wna i ddim gwamalu ynglŷn â hyn Greta . . . Tydw i ddim yn ddall i'r hyn sy'n digwydd o nghwmpas i. Nac i'r hyn sy'n mynd trw' feddylie 'mhlant i. Wn i'n iawn fod Karl wedi syrthio mewn cariad efo ti, dros y misoedd dwetha 'ma . . . Ac am syrthio dan dy swyn di, wel, wela i ddim bai ar yr hogyn. Ma'n gompliment i ti fod cymaint o benne'n troi o dy achos di.

GRETA: Ro'dd Karl . . . ma' Karl, yn fwy na rhyw hogyn efo rhyw ffansi wrth basio . . .

EDWARD: Ond rŵan fod Paul 'nôl yn y gorlan, popeth wedi cymodi, a fynte wedi achub bywyd dy fam . . . Ma' pethe 'nôl fel oeddan nhw, yntydan Greta?

[Daw KARL allan o'r tŷ. Mae'n cario siwtcês.]

KARL: Ma' hi mor dda gweld Mrs Vaughan yn dechre gwella eto.

GRETA: Ddwedest ti wrthi dy fod ti am adel?

KARL: Naddo . . .

   [Saib]

EDWARD: Karl – does dim rhaid i ti adel. Ond os wyt ti'n meddwl mai dyne fydde ore . . .

KARL: Ie, dyna fydde ore. Ac mae gen i gynnig gwaith.

GRETA: Yn bell i ffwrdd?

KARL: Fferm yn Suffolk. Fues i'n siarad gyda nhw bore 'ma.

GRETA: Karl . . . Dydw i ddim isio i ti gadw'n ddierth . . . Plîs . . .

EDWARD: Ma' 'na ffermydd braf, ffermydd llewyrchus iawn draw y ffordd honno, on'd oes . . .

KARL: Oes, Mr. Vaughan.

EDWARD: Fedra i mond dymuno'n dda i ti. Fyddwn ni i gyd yn gweld dy golli di yma.

KARL: Mr Vaughan . . . Greta . . . Fe fydda i'n sgrifennu cyn gynted ag y bydda i yn fy lle newydd ynghanol y Saeson.

GRETA: Cofia wneud . . .

   [Ond cyn i KARL symud o'r fan mae HARRI'n cerdded ar y llwyfan, yntau a dau siwtcês, un ymhob llaw.]

HARRI: Os oedd hi'n brynhawn o fynd a dod rhyfedd yn Lleifior, doedd neb ohonyn nhw'n disgwyl y nesaf i gyrraedd y ffermdy. Yn enwedig felly Nhad. Fe dywyllodd 'i wyneb gynted ag y gwelodd fi'n troi cornel y llwybr am y tŷ.

EDWARD: Be ydi hyn, Henri?

HARRI: Braidd yn annisgwyl. Wn i. Ond doedd dim pwynt trio rhoi rhybudd mewn llythyr na galwad ffôn. Bore 'ma penderfynes i ddod adre. A dyma fi.

EDWARD: Ti wedi dŵad â dy holl bethe efo ti. A'r tymor newydd prin wedi cychwyn . . .

HARRI: Ma' gofyn esbonio, ma'n siŵr.

EDWARD: Be gythgam sy'n digwydd, Henri?

HARRI: Dwi wedi gadel y coleg.

EDWARD: Be!

HARRI: Mor syml â hynny.

GRETA: Harri . . .

EDWARD: Yr holl addysg 'na, wedi'i daflu o'r neilltu . . . ar chwiw sydyn!

HARRI: Nid chwiw. Mi esbonia i bopeth pan –

EDWARD: O'n i'n gweld rhwbeth fel'ma'n dŵad. Wyt ti'n gneud hyn i'm sbeitio i, yntwyt?

HARRI: Wrth gwrs ddim. Peidiwch â bychanu 'mhenderfyniad i. Ma' hyn wedi bod yn fwy anodd na'r un dim –

[Mae HARRI'n lled gamu tuag at y tŷ ond EDWARD yn sefyll yn ei ffordd.]

EDWARD: Am 'y mod i wedi dy dorri di allan o'r ewyllys? Hynny ydi'r –

HARRI: Naethoch chi hynny cyn mi gychwyn 'nôl am Fangor. Pethe erill sy tu ôl i . . . A nid fan'ma ydi'r lle i fynd i ddadl, cyn i mi hyd 'noed roi'r cesus yma yn . . .

EDWARD: Dial. Dial arna i. Ar Lleifior . . . *[Wrth y ddau arall.]* Dyna mae o'n neud!

HARRI: To'dd dim uffarn o bwys gen i be o'ch chi'n neud efo'ch pres, na'ch tiroedd . . .

EDWARD: Greta, dos di fewn at dy fam a Paul rŵan . . . *[Wrth HARRI]* Dibrisio pob un –

HARRI: Ma' hyn am 'y nyfodol i. A lle ydw i am fynd . . .

EDWARD: O? O! A be ydi dy ddyfodol di . . .

[Mae GRETA'n oedi ennyd, ac yn dal heb fynd i'r tŷ.]

HARRI: Nid mewn coleg. Nid mewn teulu tirfeddiannwr. Ond efo gweithwyr cyffredin y –

EDWARD: Yn gneud be!

HARRI: Labro i gychwyn. Dad – gadwch ni eistedd lawr, a siarad yn gall . . .

EDWARD: Labro!

HARRI: Ie. Ddeudodd hogyn ar y bws fod lle gwag yn gang y cyngor fan'ma. Rŵan.

EDWARD: Cwilydd! Cwilydd arnat ti, Henri. Sut dda'th hi i hyn? Dwyn gwaradwydd ar fy enw i efo dy bolitics, troi rhai o nghymdogion mwya dylanwadol yn f'erbyn i efo dy ffwlbri carwriaethol, rŵan troi Lleifior yn jôc trw' fynd i gloddio ffosydd i'r cownsil. Fydd 'na sôn amdanon ni o

Amwythig i Fachynlleth! Wel, dos di. Ond nid o fan'ma fyddi di'n mynd ben bore i godi cwilydd arna i. Ac nid dŵad 'nôl fan'ma fyddi di liw nos i rannu bwrdd efo nheulu i

[Mae'n troi at y tŷ, ac yn gafael yn gry ym mraich GRETA, gan ei thywys hithau'n anfoddog i mewn . . .]

EDWARD: Greta. Fewn!

[Mae'r drws yn cau yn glep a HARRI yn sefyll tu allan, ei gesus wrth ei draed. Mae e a KARL yn edrych ar ei gilydd.]

HARRI: O'r mawredd. O'n i'n disgwyl iddo fo wrando ar 'yn rhesyme i o leia . . . *[Yn sylwi ar siwtces Karl]* Paid â dweud bo tithe wedi cael cic owt o 'ma hefyd?

KARL: Na. Mynd o 'ngwirfodd, Harri.

HARRI: Ti? Yn mynd? Does gen ti ddim unman i fynd iddo fo.

KARL: Ma' anifel wedi'i glwyfo yn ffeindio rhyw gysgod i drio glanhau 'i friwie. Dwi'n dal y bws o'r pentre 'mhen awr. Wedyn trên o Henberth i'r Amwythig . . .

HARRI: Ond pam, neno'r tad?

KARL: Oes gen ti amser am goffi yn y Crown? Arbedith hynny i mi yrru llythyr maith atat ti o Suffolk.

HARRI: Pam lai. Cha i ddim croesi'r trothwy fan'ma. Bosib mai yn y Crown fydd rhaid i fi aros heno beth bynnag . . . Waeth i'r ddau ohonon ni gydgerdded ddim . . .

[Golau i lawr.]

GOLYGFA WYTH

[Golau i fyny. Golau dydd, allan ym mhentre Llanaerwen. Mae MARGED yn brysur gyda rhywbeth tu allan i ffrynt ei thŷ.]

MARGED: Mister Vaughan . . .?

HARRI: Harri, plîs . . .

MARGED: 'Dach chi'n . . . chwilio am . . .?

HARRI: Sgwrs, efo ti. Os ca' i.

MARGED: Fi . . .?

[Saib. HARRI'n nodio.]

MARGED: Dewch fewn 'ta. Ma'r lle braidd yn anhrefnus –

HARRI: Ddo' i ddim fewn. Ma' 'na fwd a thar ar yr hen sgidie 'ma. Ddeuda i be sgen i i ddweud, Marged. Yn fan'ma. Munud fydda i.

MARGED: Ia?

HARRI: Y jobyn dwi wedi gymryd efo'r gang gweithwyr lôn. Ti wedi clywed am hynny, ma'n siŵr.

MARGED: Do. Ma' pawb wedi. Hynny ydi, gan mai chi ydech chi. Mab Lleifior a . . . wel . . .

HARRI: Cymryd lle dy dad ddaru mi yn y gang. Fo oedd â'r job, tan 'i farw fis dwetha. Mewn ffordd dwi'n rhyw deimlo mod i wedi etifeddu'r job wrtho fo . . .

MARGED: Fase fo'n 'i chyfri'n fraint i feddwl hynny, Mister . . . Harri. Wir i chi.

HARRI: Twt lol, Marged. Ac mi faset ti'n treulio dy holl amser yn tendio arno fo a rhedeg yr aelwyd 'ma. To'dd o ddim yn ddyn iach, nac oedd, er 'i fod o'n dal i weithio tu allan bob tywydd . . .

MARGED: Brwydro mlaen hyd y diwedd, druan.

HARRI: Dwi wedi rhoi chydig i gadw, o bae y mis cynta. I basio mlaen i ti.

MARGED: Be? Fedrwn i ddim. Wir . . .

HARRI: Ma' hi wedi bod yn anodd arnat ti, Marged. Cadw dau pen llinyn ynghyd. 'I gyflog o'n stopio, a phob math o gostie. Dyma ti. Er cof am ddyn da a gweithiwr gonest. Faswn i'n siomedig iawn taet ti'n gwrthod.

MARGED: Fedra i ddim derbyn . . .

HARRI: Nid elusen ydi hyn. Dwi am ofyn ffafr ganddot tithe hefyd. Mi dwi angen lodjin. Am rent rhesymol. Dwi'n gwbod fod 'na le gwag yn y tŷ 'ma, a dy fod tithe angen pres . . .

MARGED: Chi . . . fan'ma . . . ?

HARRI: Gwely. Brecwast. Stafell i mi'n hun. A lodjyr i tithe. Am fis ne ddau o leia. A thraean 'y mhecyn pae i i tithe.

MARGED: Ond Mister Vaughan . . . Harri . . .

HARRI: Dwi wedi clywed bod dy goginio di'n nodedig. A dy fod ti'n cadw lle clyd iawn.

MARGED: Dydi fan'ma ddim patsh ar Lleifior.

HARRI: I mi, mi fase fo. Be ddeudi di? Bargen?

[Mae MARGED yn dal yn syfrdan, heb air o ateb. Golau i lawr.]

[*Golau i fyny ar ran arall o'r llwyfan. Mae EDWARD, GRETA, a PAUL RUSHMERE yn cydgerdded gydag EDWARD yn tywys MARGARET, sy'n cerdded yn araf ond yn bendant.*]

PAUL: *Isn't it marvellous to see her out like this, getting a little stronger with each week.*

GRETA: *It's your miracle Paul.*

PAUL: *I can do more for her.*

GRETA: *She wouldn't wish for more than this . . .*

PAUL: *Oh yes she would.*

[*Maen nhw wedi oedi ennyd nawr er mwyn i EDWARD a MARGARET ddal i fyny â nhw.*]

PAUL: *How do you feel, Margaret?*

MARGARET: *Excellent. Despite the number of people stopping me every few steps, and asking the same questions . . . That's the only part that makes me tired. I was telling Edward about that beautiful park near your house in Liverpool.*

PAUL: *Sefton Park. Flower gardens, little streams . . .*

EDWARD: *And what would I look at? Grey town squirrels and sparrows and tidy squares of rhododendrons . . . instead of our red squirrels and buzzards and acres of Lleifior's lands . . .*

PAUL: *Lands that you might not be able to farm much longer. Add to that some poisonous neighbours and feckless farmworkers . . . if you could still find any . . .*

MARGARET: *You paint a bleak picture for the old place, Paul.*

PAUL: *I speak as I foresee. That's a doctor's prerogative. There'll be little to keep you here, once Gret and I are married and settled in the town house. You'll have no inheritor in Lleifior and no loyal workforce like the old one you've lost . . .*

MARGARET: Mae o'n iawn, weldi, Edward. *When we move into the new town house we can have a tidy profit in the bank and leave the worries here behind us.*

[Yn sydyn mae hi'n stopio siarad, wedi ei llygad-dynnu gan rywbeth. EDWARD yn troi i edrych i'r un cyfeiriad. Gwelwn HARRI yn cerdded yn ei ddillad gwaith, newydd ddod oddi ar shifft gweithio ar y ffordd. Mae'n edrych yn erwin, yn llychlyd, yn ei hen grys a'i sgidiau trymion. Nid yw e'n sylwi arnyn nhw – falle ei fod â'i ben yn ei bapur newydd.]

MARGARET: Edward, sbïwch . . .

[Mae EDWARD yn syllu, fel petae'n gweld drychiolaeth.]

PAUL: *Good god, is that . . . ?*

EDWARD: *[yn grug]* Yes . . .

[Cerdda HARRI yn ei flaen, ac yno'n sefyll gyda basged nwyddau mae MARGED.]

HARRI: Ma' 'na griw go dda yn casglu i wrando ar Aerwennydd. Tyrd mlaen . . . Be sy?

MARGED: *[sy'n oedi, fel pe'n synfyfyrio]* Jest cofio, sefyll fan'ma droeon, gyferbyn â'r garej, yn sbio arnat ti, pan oeddet ti'n llenwi'r car crand yna efo petrol.

HARRI: Diddordeb mewn ceir?

MARGED: Na.

HARRI: Dw inne'n cofio syllu ar-y-slei arnat tithe 'fyd. Fwy nag unwaith.

MARGED: Na . . . !

HARRI: Pam lai? Gan mai ti oedd y ferch hardda yn y pentre . . .

MARGED: Ti a dy dynnu coes . . .

HARRI: Yr hardda o bell ffordd hefyd.

MARGED: Hen lol, Harri!

HARRI: Cofia, toedd 'na fawr o gystadleuaeth, nac oedd? Tyrd.

[Mae e'n gafael yn ei basged siopa lawn ac yn ei phromptio ymlaen.]

[Saif AERWENNYDD FRANCIS ar ben llwyfan am-y-tro o gratiau pren neu ddrwm olew. Cornel o fart y dre yn Henberth. Mae EDWARD, MARGARET, GRETA a PAUL yn arafu i wrando o bellter. Yn gwrando hefyd, yn sefyll yng nghysgod AERWENNYDD mae ROBERT PUGH a WIL JAMES. Mae TERENCE yno hefyd.]

WIL: Sbïwch Robert Pugh . . . pwy sy wedi dŵad i 'rando . . .

ROBERT: Nid o fwriad, dwi'n saff o hynny. Hwyrach y ceith o fraw rŵan, pan welith o sut ma' ffarmwyr y mart 'ma'n cynhesu at Aerwennydd . . .

AERWENNYDD: Ma'r llywodreth Lafur ar ôl y Rhyfel wedi rhoi cymint o fendithion i bobol gyffredin. Nid mond i'r gweithwyr cyffredin, ond ffermwyr, gwragedd tŷ, pawb. Y *National Health* i bob un ohonan ni. Trydan mewn mwy a mwy o gartrefi . . . a faint ohonoch chi sy efo *washing machine* yn y scyleri bellach, ne hŵfyr yn y cwt dan grisie? Ma' pethe'n well dan Lafur, 'dach chi'n gweld. Nhw sy'n cymryd y penderfyniade mawr yn Westminster – pam ddim y penderfyniade llai rownd fan'ma, ar y cownsil? Gwella byd y bobl gyffredin sy'n bwysig i Lafur, a dyna nghonsýrn inne. Un ohonoch chi ydw i. Dwi'n deall y pethe 'ma. Be ŵyr rhyw aristocrat cyfoethog yn 'i ffermdy anferth am werth prescripsiwns rhad? 'Di o ddim yn rhannu'ch byd chi, na'ch preioritis chi. Mi ydw i. Felly – ffermwrs, gweision, gweithiwrs, gwragedd . . . pawb. Fotiwch Aerwennydd Francis. Fotiwch *Labour*.

ROBERT: Go dda rŵan. Go dda!

WIL: Bravo!

TERENCE: Da iawn.

[Mae HARRI a MARGED hefyd ar gyrion y cyfarfod yn awr.]

HARRI: *[yn rhoi'r fasged iddi]* Cymer hon 'nôl am funud Marged.

MARGED: Be 'nei di Harri . . . *[gan olygu Aerwennydd]* Gwell peidio mynd i ddadle efo fo'n gyhoeddus.

HARRI: Paid poeni, tydw i ddim.

[Aiff HARRI i sefyll yn ymyl AERWENNYDD. Mae pawb arall yn syllu ar hyn yn syn.]

HARRI: Ga' i ychwanegu gair at yr hyn ydech chi newydd glywed? Mi ydw i'n cytuno'n helaeth â'r hyn ma' Aerwennydd yn 'i ddweud – ar wahan i'r gic bersonol i gyfeiriad 'y nhad. Beth bynnag ydw i'n euog ohono fo, dwi'n dal i gyfri'n hun yn fab i 'nhad.

[Mae HARRI nawr yn sylwi fod ei dad a'i fam a'i chwaer ar gyrion y cyfarfod, ac mae'n seibio am eiliad, cyn bwrw mlaen . . .]

HARRI: Ond y cwestiwn i mi yn y lecsiwn yma, ar wahan i bob teyrngarwch personol fuo 'na yn y gorffennol, ydi pa un o'ch dau ymgeisydd chi sy â'r polisi iacha i Ddyffryn Aerwen heddiw? Does 'na'r un o'r ddau yn mynd hanner digon pell i mhlesio i. Ond y polisïe sy debyca o ddod â ni'n nes at y byd rydw i'n 'i ddeisyfu ydi polisie'r Blaid Lafur.

WIL: Cweit reit, Harri bach.

GRETA: Harri, paid . . .

PAUL: *Is he supporting the Labour chap? [Greta'n nodio] Shame on you.*

HARRI: Ma' Nye Bevan, a Clement Attlee yn gwthio Prydain rhyw fymryn yn nes at wlad waraidd fodern. Rhowch gyfle i'w gŵr nhw yn Nyffryn Aerwen. Mi wna i. Fydd y mhleidlais inne hefyd yn mynd i Aerwennydd Francis yn y fôt fory. Diolch yn fawr.

[Golau sbot i fyny ar ddarn o lwyfan. Saif MAERES yno, a thaflen yn ei dwylo. Mae hi'n amneidio ar y ddau ymgeisydd i ymuno â hi wrth iddi draddodi ei datganiad.]

MAERES: *Ladies and Gentlemen. The papers have been counted. I ask the two candidates to step forward beside me on the stage here. In the district seat of Aerwen and Henberth the two candidates have polled the following number of votes . . .*

[Nawr mae AERWENNYDD ac EDWARD yn sefyll o bobtu iddi ar y llwyfan dyrchafedig.]

MAERES: *James Aerwennydd Francis, six hundred and sixty three . . . Edward Llywelyn Vaughan, six hundred and fifty two . . . I therefore declare James Aerwennydd Francis duly elected as district councillor for the said seat.*

[Sŵn cymeradwyo uchel a brwd gan dorf o bobol. AERWENNYDD yn codi ei freichiau'n fuddugoliaethus. Pen EDWARD yn crymu, fel pe bai ei ysbryd yn sigo dan siom y colli . . .]

[Golau i lawr ar y llwyfan bach.]

[Golau i fyny ar ofod tu allan i dŷ cownsil MARGED. Yno mae MARGED a HARRI, sy'n cyrraedd 'nôl o shift waith. Mae'n cynnig mymryn o help iddi dynnu chwyn.]

HARRI: Dos di fewn i ferwi'r tecell, orffenna i chwynnu'r cornel yma i ti.

MARGED: Ti wedi gneud digon o waith am heddiw, ma'n siŵr.

HARRI: Mymryn mwy o faw dan y gwinedd yn neud dim gwahanieth.

MARGED: Be o'n nhw'n ddeud yn y gwaith? Am ganlyniad y lecsiwn?

HARRI: Synnes i. Ro'dd 'na dipyn o gydymdeimlad, at 'y nhad. Rŵan fod o wedi colli'i le ar y cyngor, a'r sôn ar led yn barod y bydd y ffermdy'n cael 'i roi ar werth . . . ma' nhw'n rhyw feddwl fod yr hwch fel tae'n mynd drw'r siop ar yr hen deulu.

MARGED: Harri . . .

HARRI: Dos di fewn. Sguba inne rhain i'r sach . . . Be sy mater?

MARGED: Harri, dwi'n rhoi wythnos o notis i ti.

[HARRI'n edrych arni yn syfrdan.]

HARRI: Wythnos o notis? Wel damia, Marged, be gythrel ydw i wedi neud rŵan . . . ?

MARGED: Dim byd. Ti ddim wedi gneud dim byd.

HARRI: Os felly –

MARGED: 'Yn chwaer ddwedodd wrtha i. Ma' 'na lot o hel clecs. Ma' pobol yn siarad . . .

HARRI: Wrth gwrs 'u bod nhw. Do's ganddyn nhw ddim gwell i neud efo'u hamser. Fel'na ma' cymdogion.

MARGED: Ond y pethe ma' nhw'n ddweud. Mod i'n siampl ofnadwy i ferched y pentre. Mod i'n gneud 'y ngore i ga'l fy hun yn, wsti, i dy fforsio di i mhriodi i . . .

HARRI: Argol fawr, hogen . . .

MARGED: Ma' gas gen i glywed siarad fel'na. A llusgo dy enw da di trw'r mwd . . .

HARRI: Marged. Stopia glebran, 'nei di? Dwi'n synnu na faset ti wedi rhagweld rwbeth fel hyn . . .

MARGED: Ddeudodd Delyth fod Beti Tŷ Ucha wedi dweud o flaen criw o gwsmeried yn siop Wilff mod i eisoes yn disgwl . . .

HARRI: Cau dy geg am un eiliad. Ti'n hollol siŵr? Bo ti am i mi fynd?

MARGED: Ydw.

HARRI: Gei di job y diain i ga'l dau ben llinyn ynghyd fan'ma heb 'y mhres i. Ond ti wedi meddwl am hynny, ma' siŵr.

MARGED: Mi symuda i at fy modryb. Dyna faswn i wedi orfod neud beth bynnag, taset ti heb helpu allan dros y miso'dd dwetha ma.

HARRI: Iawn. Symuda di at dy fodryb. Ffeindia inne rwle arall. Ar un amod.

MARGED: Be?

HARRI: Dy fod ti'n addo mhriodi i cyn diwedd yr haf 'ma.

MARGED: Harri. Paid cellwer efo fi.

HARRI: Cellwer? Tydw i ddim. Dwi'n cynnig. 'Y nyfodol. 'Y nghalon. Rown ni rwbeth iddyn nhw hel clecs yn 'i gylch. Y cymdogion busneslyd 'ma i gyd . . .

MARGED: Dwi'n gwbod bo ti ddim o ddifri . . .

HARRI: Yn ddwys Marged – ystyria hyn. Dwi wedi dyweddïo unwaith, efo . . . set o ddisgwyliade. Lisabeth Trawscoed. Mi fethodd hynny. Wedyn yn y coleg, mi syrthies i mewn cariad, am fis ne ddau, efo . . . set o ddelfryde. Ac mi fethodd hynny. Rŵan . . .

MARGED: Rŵan . . . ?

HARRI: Dwi'n dilyn 'y nghalon, a ngreddf. Dwi wedi ffeindio merch ffeind, fonheddig yn ystyr iawn y gair, hardd 'i chymeriad, a harddach fyth 'i hwyneb . . . a dwi mewn cariad. Be wyt ti'n 'i deimlo amdana i, Marged?

[All hi ddim ateb, dim ond rhyw lun ar ysgwyd ei phen yn emosiynol . . .]

HARRI: Mi ofynna i mewn ffordd mwy confensiynol. Marged Morris, 'y nghariad i. Wnei di mhriodi i. Plîs.

MARGED: Harri. 'Dan ni o ddau fyd gwahanol . . .

HARRI: A dwi isio cyfannu'r ddau fyd yna yn un. O ddifri. Dwi isio hynny yn fwy na dim byd. Ac efo amser, ddoi di i ddeall pam. Trystia fi.

MARGED: O, dwi yn dy drystio di.

HARRI: Dwed ie, 'ta. Derbynia mreuddwyd fach i. Gna fi'n hapus. Ti a fi, yn yr hen dŷ yma. Ne' lle bynnag. Ond mewn bywyd newydd. Mewn cariad.

MARGED: *[ebychiad]*

HARRI: Er mwyn Duw. Jest dwed ie.

MARGED: Ie . . .

HARRI: Ie! A gad i bob tafod yn Llanaerwen glebran tan 'u bod nhw'n ddu-las . . .

[Mae e'n ei chofleidio. Ŵyr hi ddim beth i'w wneud . . .]

HARRI: 'Dach chi isio rwbeth gwerth sbecian arno fo? Sbiwch ar hyn 'ta!

[Mae HARRI'n cusanu MARGED, yn hir, ac yn ddi-stop, nes ei bod hi'n gwingo ond yn dotio dan yr un . . .]

[Golau i lawr.]

[Golau i fyny ar gegin Lleifior.]

MARGARET: Ma'r lle 'ma mor dawel rŵan.

EDWARD: Ydi.

MARGARET: Fydd Greta a Paul yn y Savoy rŵan. Yn cael swper. *[Ennyd]* Synnwn i ddim tasen nhwythe'n bwyta mewn mudandod hefyd.

EDWARD: Pam?

MARGARET: 'Nath hi ddim siarad fawr ddim yn y briodas, naddo? Ddoe i fod yn ddiwrnod mwya'i bywyd hi. Ond roedd hi mor ddywedwst.

EDWARD: Ro'dd yr hogan yn nerfus.

MARGARET: 'Dach chi'n gwbod be dwi'n feddwl.

EDWARD; Margaret.

MARGARET: Ddrwg gen i. Nid 'ych bai chi, na mai inne . . . ond nid 'i bai hi chwaith.

EDWARD: 'Y mai i, os ma' bai unrhyw un. Ma'r chwerthiniad wedi mynd o'i llais hi. Ma' hi wedi newid. Wn i.

[Sŵn cnocio ar y drws oddi allan . . .]

EDWARD: A' i.

MARGARET: Edward. Gadwch i mi.

[Eistedda EDWARD 'nôl i lawr. Mae'n edrych yn lluddedig. Yna clyw lais HARRI.]

HARRI: *[i ffwrdd]* Ma' raid mi ga'l siarad efo chi. Ac isio gwbod fod y briodas wedi mynd yn iawn ddoe . . .

[EDWARD yn sefyll, yn sydyn wedi ymegnïo, wrth i MARGARET arwain HARRI i fewn.]

MARGARET: Do, yn iawn. A'th popeth yn . . . iawn. Harri, Edward.

EDWARD: A be w't ti eisie yma?

HARRI: Pasio, a gweld yr arwydd ar werth wedi'i roi fyny.

EDWARD: Ydi.

HARRI: Pwy brynith fan'ma, Nhad? . . . Rhyw hen deirant ariannog fel Robert Pugh? Ne' ryw Sais bonheddig di-glem sy'n leicio gweld gwyrddni drw'i ffenest yn y bore . . .

EDWARD: Ti helpodd 'y ngyrru i o 'ma. Mi fydd gadel y lle 'ma'n rhoi llafn yna' i.

HARRI: Nid 'y mwriad i o'dd gweld Lleifior yn mynd i ddwylo rhyw gyfalafwr barus sy'n –

EDWARD: Waeth na fi hyd'noed?

HARRI: Pryd fydd yr ocsiwn am y lle?

MARGARET: Wythnos nesa. Dydd Iau.

EDWARD: Gna'n fawr o ga'l picio fewn 'ma rŵan. Falle na adith y perchennog nesa di heibio'r giât.

HARRI: Gawn ni weld.

EDWARD: Cha i ddim gweld. Gynted ag y bydd gen i brynwr, ma' Paul yn mynd i gwblhau'r transacsiwn ar y tŷ newydd i ni.

MARGARET: Un tri llawr. A fydd 'na forwyn yn galw bob dydd . . . Rhwng stryd siopa a parc Sefton.

HARRI: Braf.

MARGARET: Ie, yndê?

[Saib]

HARRI: Es i 'nôl i Fangor wythnos ddwetha. I weld 'y nhiwtor. Gofyn a gawn i orffen gneud yr M.A. – ond ar bwnc gwahanol. Gytunodd o.

EDWARD: Be am hynny?

HARRI: Fydd y thesis ar ddylanwad Marcsiaeth ar gefn gwlad Cymru o adeg y Rhyfel Mawr ymlaen.

EDWARD: Hrrm.

HARRI: Tra o'n i yno, weles i Gwdig eto. 'Dach chi'n cofio fi'n sôn dipyn am Gwdig? Mab fferm o Sir Benfro. Ddechreuon ni siarad, cnoi cil . . . 'roson ni fyny tan yr orie mân. *[Ennyd]* O ddifri, Nhad, pwy 'dach chi'n ddisgwl gynigith am y lle 'ma?

[Dim ateb gan EDWARD]

MARGARET: Ma'r *Forestry Commission* yn prynu llefydd fel'ma rŵan. A ma' 'na ddau wedi holi'n barod. Rhyw Blenkinsop, o Shropshire. A rhyw Mr Thearle o Derbyshire.

HARRI: Ddim hyd no'd rywrai 'dach chi'n 'u nabod.

MARGARET: Be arall fedrwn ni neud, ond derbyn pa bynnag gynnig ddaw?

HARRI: Rhentiwch Lleifior i fi.

EDWARD: Be!

HARRI: Dwi hollol o ddifri, Nhad. Faswn i'n ffermio'r lle fel menter gydweithredol. Ond Lleifior fase fo o hyd.

EDWARD: Sgen ti neb i weithio'r lle.

HARRI: Oes. Chwe enw yn barod.

EDWARD: A sut faset ti'n talu chwech o weithwyr?

HARRI: Nhw fase'n talu. Cyfrannu. Am fyw 'ma a gneud bywolieth o'r lle. Fasen ni gyd yn rhannu enillion y fferm. Dwi wedi siarad â'r chwech, mynd dros y coste a'r rhagolygon yn fanwl. Ma' pob un ar dân isio bod yn rhan o'r fenter, pob un ag arbenigedd ac yn medru gwarantu bydde'r lle 'ma'n ffynnu.

EDWARD: Pwy 'di'r ffrindie gwallgo 'ma sy gynnot ti?

HARRI: Ma 'na dri o'r pentre ma. Terence, o'dd yn was da i chi. Un o ddynion Trawscoed, John, sy eisie gadel, wedi ca'l llond bol ar Robert Pugh a'r ffaith fod Wil James fyny 'cw rŵan. Ac Wmffra, o'dd yn arfer gweithio yn Lluest. Wedyn tri arall o'r tu allan. Hogyn sy wedi graddio o goleg Llanbadarn fase'n fforman ar y fferm. Hefyd Gwdig. A ma' Karl eisie dod 'nôl 'ma. Torri 'i fol eisie dod 'nôl, a bod yn rhan o ddyfodol Lleifior. *[Ennyd]* Ydech chi'n fodlon i mi drio? Ymhen blwyddyn, os na lwyddith yr arbrawf, fe fydd Lleifior 'nôl yn fferm un meistr. A fi fydd y Tori glasaf welodd Dyffryn Aerwen erioed. Dwi'n addo.

EDWARD: Dwn i ddim be i ddweud, Henri.

HARRI: Ac mi adeiladwn i dŷ newydd ar gae Coed Argain. Lle i chi'ch dau, tasech chi'n dewis aros yma, efo ni.

MARGARET: Edward . . . ?

[Mae EDWARD yn syllu arno – mae'r olwg watwarus wedi cilio'n sydyn.]

HARRI: Ac mi fydde gan Lleifior ddynes newydd yn gofalu am y ffermdy. Margaret arall. Marged Morris. Er ma' Marged Vaughan fydd hi mhen chydig fisoedd.

MARGARET: Honna ti'n lodjo efo hi?

HARRI: Ma' hi wedi derbyn 'y nghynnig i i briodi. Ma'r ddau ohonon ni eisie creu bywyd newydd. I ni, i'n plant . . .

EDWARD: Ydi hi'n gwbod unrhywbeth am fywyd ffarm?

HARRI: Tŷ ydi tŷ. Aelwyd ydi aelwyd. Fase hi'n edrych ar ôl Lleifior llawn cystal ag y gnethoch chi, Mam. A ma' hynne'n dipyn o ddweud. *[Ennyd]* Ga i gyflwyno hi i chi'n iawn? Fedrwch chi ddweud helô wrthi o leia . . .

MARGARET: *[Nodio]*

[Aiff HARRI allan. Mae EDWARD yn dal fel petai ei feddyliau'n chwyrlïo.]

MARGARET: Edward. Byddwch yn suful, beth bynnag.

EDWARD: Wrth gwrs y bydda i.

[Mae HARRI'n dod 'nôl i mewn, a MARGED wrth ei gwt, ei llwnc yn sych gan nerfusrwydd.]

HARRI: 'Ma ti, Marged. Yr hen gatre. Nhad – a Mam . . .

EDWARD: Sut mae.

MARGARET: Helô Marged.

MARGED: Helô.

EDWARD: Ie, wel 'te . . .

MARGED: Mae o fel palas.

MARGARET: Twt. Gwaith caled fuo'r lle i mi erioed. Fase gan balas weision a morynion i neud y cwbwl drosta i.

MARGED: Ond pleser fase cael cadw lle fel'ma'n lân ac yn daclus.

MARGARET: Ddim ar ôl blynyddoedd o orfod gneud.

MARGED: Ers o'n i'n hogen fach o'n i'n trio meddwl sut le o'dd Lleifior, tu fewn. Mae o hyd 'noed yn brafiach a delach nag o'n i wedi medru dychmygu . . .

MARGARET: Wir?

EDWARD: Rŵan 'te, Margaret, ma' ganddon ni bethe i'w pacio yn y llofftydd, ac ma' angen –

MARGED: A be 'di honna, ar y darian 'na. Arfbais y teulu?

EDWARD: Y Vaughaniaid, ie.

MARGED: Ma' siŵr bod hi'n neud i chi deimlo mor browd o'r teulu. Yr holl hanes . . .

EDWARD: Wel, ydi. Ydi siŵr . . .

MARGARET: Ma'r arfbais go iawn uwchlaw'r lle tân yn y stafell ffrynt. A dau lun o'r meistri oedd 'ma cynt. Tad Edward, a'i daid . . .

MARGED: Ma' hyn fath â breuddwyd Harri. Maddeuwch i mi, yn preblian fel'ma.

MARGARET: Os liciech chi gip sydyn . . . Edward?

EDWARD: Am eiliad 'te . . . Trw' fan'ma ma' nhw. A ma'r arfbais cyn hyned â'r tŷ wrth gwrs . . . Dau gant a deg mlwydd oed rŵan . . .

[Mae hi'n cerdded ymlaen, bron heb ei chymell, ac EDWARD yn mynd gyda hi.]

[HARRI a MARGARET yn edrych ar ei gilydd.]

MARGARET: Tydw i ddim wedi medru dystio'r stafell ffrynt yn iawn ers dwn i ddim pryd.

HARRI: Nid ar y llwch y bydd Marged yn sylwi, Mam. A tase hi'n ca'l symud yma, fyse pob stafell 'nôl fel pin mewn papur cyn pen chwinciad.

MARGARET: Mi fedra i ddychmygu . . . Ma dy dad yn cychwyn rhoi hanes yr holl deulu iddi'n barod . . . Marged druan.

[Mae hi'n amneidio ac mae hi a HARRI'n brysio drwodd i'r stafell nesa. Golau i lawr ar gegin Lleifior.]

[Mae HARRI'n camu allan i olau gwahanol. Wrth iddo siarad gwelwn GWYLAN yn y cefndir, ac yna BILL KENT.]

HARRI: Haf arall. A chynhaea arall ar ddod. A minne 'nôl yn Lleifior. Pan ddychweles i i Fangor am rai diwrnodie, i drafod y traethawd M.A. gyda nhiwtor, fe weles i Gwylan, fraich ym mraich efo rhywun. Bill Kent. Cyfarch 'yn gilydd. Yn ddigon cwrtais, ond digon cwta hefyd. Hithe 'nôl yn 'i chynefin hi, efo'i pholitics prifysgol. Finne bellach 'nôl yn fy nghynefin i. Efo gwleidyddiaeth ar waith, yn y ffermdy ac allan yn y caeau cyfarwydd.

[Golau i fyny eto ar y caeau oddi allan, a diwrnod hyfryd o heulog. Mae EDWARD yn sefyll wrth gamfa, yn edrych allan dros y tir. Daw HARRI i ymuno ag e.]

EDWARD: Cynhaea cyn hir, Henri. Rhaid ti neud yn siŵr bod y sguborie 'na'n llawn. Cystal â llynedd o leia.

HARRI: Wrth gwrs. 'Dan ni gyd yn awchu am 'yn cynhaea cynta yma.

EDWARD: Ma'r argoelion yn reit dda hefyd.

HARRI: Fydda i angen 'ych help chi hefyd, tasech chi'n fodlon. I fyseddu bonion y gwair, darllen darogan y machlud i mi.

EDWARD: Ddysgodd coleg ddim o hynny i neb o dy ddynion di, faint bynnag arall ma' nhw'n 'i wbod . . . Wel'di'r hen goeden fawr, y dderwen yn y cae isa . . .

HARRI: Ia . . .

EDWARD: Ddoth lawr yn y storm fawr wedi'r Dolig. Ma' 'na arwyddion o fywyd newydd arni, wsti. Er 'i bod hi wedi hollti gan y fellten 'na. Ma' 'na wialen newydd yn tyfu allan o ochor y cyff.

HARRI: Wn i. Fues i lawr yn sbio arni fy hun. Dydi'r gwreiddie ddim wedi torri. Ma' nhw'n reit sownd. Mond ca'l gwared ar y briga a'r darn o'r cyff sy wedi marw, mi dyfith y gweddill, ac mi atgyfnerthith. Ga' i air efo Gwdig a Karl fory, er mwyn i ni 'i hadfer hi'n iawn . . .

[Maen nhw'n troi oddi wrth y glwyd a chyd-gerdded oddi yno. Tu ôl iddynt gwelwn KARL a GWDIG a TERENCE a dau WEITHIWR arall yn sefyll fel silwéts yn y cefndir . . . a MARGARET a MARGED yn symud atynt gydag ystenau te a phecynau bwyd . . .]

DIWEDD